100 RECEITAS DE SAÚDE
ALIMENTOS FUNCIONAIS

100 RECEITAS DE SAÚDE
ALIMENTOS FUNCIONAIS

JANET WRIGHT

PUBLIFOLHA

Para minha mãe Marie Joan Wright e meu marido David Hall

The Top 100 Health Tips foi publicado no Reino Unido e na Irlanda em 2008 pela Duncan Baird Publishers Ltd, 6º andar, Castle House, 75-76 Wells Street, Londres W1T 3QH

COORDENAÇÃO DO PROJETO: PUBLIFOLHA
Coordenação editorial: Camila Saraiva
Assistência editorial: Adriane Piscitelli
Coordenação de produção gráfica: Soraia Pauli Scarpa
Assistência de produção gráfica: Mariana Metidieri

PRODUÇÃO EDITORIAL: ESTÚDIO SABIÁ
Edição: Silvana Salerno
Tradução: Elenice Araujo
Preparação de texto: Paola Morsello
Revisão: Hebe Lucas, Mariana Diniz Mendes
Editoração eletrônica: Pólen Editorial

EDIÇÃO ORIGINAL: DUNCAN BAIRD PUBLISHERS
Gerente editorial: Grace Cheetham
Editor: Dawn Bates
Editor de arte: Dan Sturges
Projeto gráfico: Gail Jones
Fotografia: Toby Scott, dos Simon Smith Studios

Observações sobre as receitas:
Exceto se orientado de outra forma:
- use ovos médios
- use ervas frescas
- 1 colher (chá) = 5 ml
  1 colher (sopa) = 15 ml
  1 xícara = 250 ml
- todas as receitas rendem 4 porções.

Consulte um médico antes de iniciar qualquer dieta.

Dados Internacionais de Catalogação na Publicação (CIP)
(Câmara Brasileira do Livro, SP, Brasil)

Wright, Janet
100 receitas de saúde : alimentos funcionais /Janet Wright ; [tradução Elenice Araujo]. – São Paulo : Publifolha, 2009.

Título original: The top 100 health tips
ISBN 978-85-7402-996-2

1. Alimentos funcionais 2. Hábitos alimentares 3. Necessidades nutricionais 4. Nutrição 5. Receitas 6. Saúde - Promoção I. Título.

08-09312 CDD-613.2

Índices para catálogo sistemático
1. Alimentos funcionais : Nutrição aplicada : Promoção da saúde 613.2

A grafia deste livro segue as regras do
Novo Acordo Ortográfico da Língua Portuguesa.

PUBLIFOLHA
Divisão de Publicações do Grupo Folha
Al. Barão de Limeira, 401, 6º andar
CEP 01202-900, São Paulo, SP
Tel.: (11) 3224-2186/ 2187/ 2197
www.publifolha.com.br

SUMÁRIO

SÍMBOLOS

- Antioxidante
- Bactericida
- Antiviral
- Anti-inflamatório
- Hormônio-regulador
- Benéfico para o coração
- Protege contra o câncer
- Rejuvenescedor
- Benéfico para a pele

Introdução

É possível tornar-se mais saudável, mais atraente e sentir-se melhor por meio da alimentação. Neste livro, selecionei 100 alimentos nutritivos e deliciosos que podem ser introduzidos facilmente em sua dieta, e que farão muita diferença em sua saúde.

No capítulo 1, descubra o que comer para fortalecer seu sistema imunológico, minimizar inflamações e acelerar a recuperação. Os alimentos desintoxicantes e digestivos do capítulo 2 melhoram a digestão, estimulam a eliminação, combatem úlcera, náusea, prisão de ventre e síndrome do cólon irritável. O capítulo 3 inclui dicas de alimentação para dar mais energia, aumentar a resistência e o vigor e fazer que a alimentação se transforme em músculos em lugar de gordura. "Emagrecedores" é um capítulo repleto de alimentos saborosos e substanciosos, que saciam mais rápido e por mais tempo, evitando o ganho de peso hormonal e controlando a glicemia. Alguns deles também ajudam a queimar gordura. "Para o cérebro e para o humor" mostra como se alimentar para melhorar a memória, a libido, o humor, o sono e a clareza mental. Inclui ainda alimentos para evitar a TPM e os sintomas do climatério. E "Rejuvenescedores" traz alimentos que ajudam a combater doenças e condições crônicas que se manifestam em idade avançada (como câncer, cardiopatias, diabetes, artrite, osteoporose e doenças da próstata) e, além disso, ajudam a manter os olhos e a pele viçosos.

UMA DIETA VARIADA

Certos alimentos de fato têm ação efetiva contra determinadas afecções, mas não devem substituir completamente outros alimentos frescos, dominando sua dieta. A maioria das frutas, legumes e verduras gera inúmeros benefícios para o organismo, diversificados demais para serem categorizados. O risco de desenvolver cardiopatias ou câncer, por exemplo, pode ser reduzido pelo consumo de diversos alimentos – observe a simbologia indicada em cada página.

Como muitos problemas de saúde são desencadeados pela deficiência nutricional, eles podem ser amenizados – e, frequentemente, curados – com uma alimentação adequada. Assim, adote uma dieta com base em frutas, legumes e verduras variados, cereais integrais, carne e laticínios orgânicos, e reduza ao máximo o consumo de alimentos processados.

CUIDADOS COM A ARMAZENAGEM

As frutas e vegetais frescos perdem boa parte de suas vitaminas enquanto aguardam serem consumidos. Portanto, procure comprar tudo o mais fresco possível, conserve sempre na geladeira ou em local fresco e consuma o quanto antes. Ervas frescas podem ser mantidas em recipientes herméticos cobertas com azeite de oliva e uma pitada de sal ou enroladas em papel-toalha umedecido e guardadas na geladeira por alguns dias.

SUPLEMENTOS

É muito melhor obter os nutrientes com uma dieta balanceada do que tomar suplementos. Não se sabe ao certo como eles funcionam – apenas que uma fruta ou hortaliça inteira fornece uma gama completa de nutrientes na medida certa. O betacaroteno, por exemplo, é tão benéfico para os

ALIMENTOS CINCO ESTRELAS

Couve para o sistema imunológico (p. 16)
Mexilhão para a inflamação (p. 26)
Maçã para a digestão (p. 32)
Vagem para a boa forma (p. 52)
Alho para perder peso (p. 70)
Tofu para queimar gordura (p. 76)
Algas marinhas para a saúde emocional (p. 86)
Sementes de linhaça para o desnível hormonal (p. 96)
Cereja para rejuvenescer (p. 102)
Nozes para o coração (p. 116)

pulmões, que os fumantes que o consomem regularmente diminuem sua propensão a desenvolver câncer de pulmão. Já os suplementos de betacaroteno, aparentemente, aumentam o risco do câncer. Além disso, enquanto uma overdose de nutrientes é praticamente impossível ao se consumir frutas e vegetais, é fácil desequilibrar os níveis de vitamina e, principalmente, de minerais, quando se recebe uma dose elevada deles sob a forma de suplementos. A única exceção é a vitamina B12 – os vegetarianos cuja dieta não fornece a quantidade recomendada devem tomar vitaminas do complexo B.

CONSUMA ORGÂNICOS

Os alimentos orgânicos são produzidos de forma quase igual à utilizada há milhares de anos, até o século 20. O cultivo orgânico dispensa os adubos químicos sintéticos ou lodo de esgoto. Os animais só são medicados quando adoecem e não para ganhar peso nem para tratar das doenças decorrentes do manejo inadequado. Os alimentos orgânicos não são expostos à radiação nem geneticamente modificados.

Compensa pagar um pouco mais para comer orgânicos, e a diferença de preço vem diminuindo. Além de evitar drogas e resíduos químicos, o risco de intoxicação alimentar pela ingestão de frango é menor, por exemplo. Alguns estudos sugerem que os orgânicos são mais nutritivos, outros não; mas nenhum deles indicou o contrário! Os animais têm um melhor padrão de tratamento, e as técnicas de produção orgânicas são menos agressivas ao meio ambiente. Se puder adquirir orgânicos, opte pela carne e por frutas, legumes e verduras na entressafra.

INGREDIENTES

Dê preferência a frutas e hortaliças da estação, pois são mais nutritivas no período em que crescem naturalmente, e às de produtores locais, pois chegarão mais frescas à sua mesa.

Quando fritos em poucos mililitros de óleo, a quantidade de gordura agregada é pequena, e o organismo absorve as vitaminas solúveis em gordura como a A e a D. As verduras podem ser cozidas no vapor em poucos minutos ou nem isso.

RECEITAS FLEXÍVEIS

Muitas receitas deste livro são baseadas em pratos tradicionais internacionais.

Permita-se mudar as quantidades e substituir os ingredientes para ajustá-las ao seu paladar. Isso faz parte do prazer de cozinhar. O sal raramente é mencionado: tempere a gosto, e se você o consome regularmente, experimente não usá-lo.

CUIDADOS NECESSÁRIOS

- Lave bem frutas e hortaliças. As não orgânicas devem ser escovadas ou descascadas. As orgânicas devem ser enxaguadas.
- Os brotos de feijão devem ser lavados com o máximo cuidado, pois seu cultivo estimula o aparecimento de micróbios.
- As leguminosas podem causar intoxicação se não forem cozidas adequadamente. As preparadas em conserva são seguras, e tão nutritivas quanto as frescas. Deixe o feijão de molho na véspera. Cozinhe na panela de pressão, em fogo alto, até apitar; diminua o fogo e prossiga no cozimento por cerca de 25-30 min. Tempere e deixe apurar, para engrossar o caldo.
- Limpe os crustáceos com cuidado e descarte as conchas abertas ou quebradas. Quando cozidos, ao contrário, não coma os que permanecerem fechados.
- Cozinhe bem a carne, mas sem tostar, pois se torna prejudicial à saúde.
- Evite grelhar alimentos em frigideira antiaderente.
- Caso tenha algum problema de saúde, consulte o médico antes de alterar sua dieta.

cranberry

NUTRIENTES
Vitaminas C, K; manganês; fibras

Esta frutinha delicada e cheia de sabor atua no combate a infecções.

Originária do hemisfério Norte, a cranberry é útil no tratamento de infecções urinárias, como cistite, pois é mais rica que outras frutas em um ingrediente poderoso – o flavonoide proantocianidina –, que impede as bactérias de se fixarem na parede do trato urinário. Ajuda também a prevenir doenças estomacais e bucais.

Frutas secas, como ameixa ou uva-passa, maceradas em suco de cranberry (ou amora) rendem uma deliciosa compota.

MOLHO DE CRANBERRY

- **½ xícara de cranberries secas**
- **1 xícara de suco de cranberry ou de laranja**
- **um pedaço pequeno de gengibre picado**
- **1 colher (sopa) de vinho tinto (opcional)**
- **2 colheres (sopa) de mel**

Coloque as cranberries de molho no suco em uma panela por 30 min. Leve para ferver, junte o gengibre e, se desejar, o vinho, e ferva por 10 min, sempre mexendo. Junte o mel e sirva acompanhando carne ou nozes e castanhas tostadas.

kiwi

A energia que esta fruta refrescante e cheia de vitaminas proporciona facilita a respiração.

NUTRIENTES
Vitaminas C, E, betacaroteno; cobre, magnésio, potássio; fibras

Há mais vitamina C num kiwi maduro do que na maioria das frutas cítricas. E embora essa vitamina seja famosa contra gripe, seu efeito vai muito além. Ela protege o organismo contra todo tipo de inflamação ou infecção, em especial as respiratórias. Segundo os cientistas, ele reduz a tosse, a coriza e a rinite. Quem come kiwi está menos sujeito a ataques de asma; mas ele não deve ser dado a crianças muito pequenas, devido ao risco de reação alérgica. Além disso, é benéfico para os olhos e o coração. Está comprovado que seu consumo regular diminui a taxa de colesterol e reduz a propensão à formação de coágulos.

SALADA DE KIWI E ABACATE

2 abacates fatiados
1 maçã sem sementes fatiada
3 kiwis fatiados
2 colheres (chá) de suco de limão-siciliano
3 colheres (sopa) de azeite de oliva
1 colher (sopa) de vinagre de vinho
100 g de alface picada

Coloque os abacates, a maçã, 2 dos kiwis e o suco de limão numa tigela e misture bem. Incorpore o kiwi restante, amassado, ao azeite de oliva e ao vinagre, e regue sobre as frutas. Sirva sobre uma camada de alface.

laranja

NUTRIENTES
Vitaminas A, B1, C, folato; cálcio, potássio; fibras

Esta fruta tão popular é famosa por ser rica em vitamina C, embora contenha muitos outros compostos importantes que combatem doenças.

As laranjas são célebres por fortalecerem o sistema imunológico. Uma laranja média fornece mais que a quantidade média diária recomendada de vitamina C, que combate infecções e fortalece as defesas do organismo. Além de eficientes contra resfriados e outras doenças respiratórias, as laranjas diminuem o risco de úlcera estomacal, pedra nos rins e alguns tipos de câncer. Seus açúcares naturais ajudam os diabéticos a controlar a taxa glicêmica. E acrescentar uma colher (chá) de raspas de casca de laranja orgânica à comida ajuda a reduzir o colesterol. As frutas cítricas ainda contêm limonina, cujas propriedades no combate ao câncer e na redução do colesterol vêm sendo pesquisadas.

SUNDAE DE LARANJA E IOGURTE

4 colheres (sopa) de iogurte
raspas de ½ laranja
2 laranjas fatiadas
1 banana fatiada
1 colher (sopa) de frutas vermelhas
¼ de colher (chá) de canela

Incorpore as raspas de laranja ao iogurte e leve à geladeira por 1 h. Em outra tigela, misture bem as frutas e a canela e também deixe resfriar. Reparta a salada de frutas em taças e regue com o iogurte. Sirva a seguir.

framboesa

Típica do hemisfério Norte, esta saborosa frutinha pode ser delicada, mas tem o poder de proteger contra a síndrome do cólon irritável e infecções por fungo.

NUTRIENTES
Vitaminas B2, B3, C, folato; cobre, magnésio, manganês, potássio; fibras

As antocianinas, flavonoides que dão um colorido especial à framboesa, são responsáveis por algumas de suas melhores qualidades. Elas têm ação antimicrobiana, que pode prevenir a proliferação de bactérias e fungos no sistema digestório. Um deles é a *Candida albicans*, que provoca a candidíase, uma infecção vaginal, e que também está relacionado a afecções digestivas, como a síndrome do cólon irritável. Assim como as demais frutas vermelhas, as framboesas estão repletas de antioxidantes que beneficiam a saúde ao longo da vida. Elas protegem a visão, diminuem o risco de alguns tipos de câncer, e suas fibras solúveis ajudam a controlar a glicemia.

SORBET DE FRAMBOESA

450 g de framboesas
suco e raspas de 2 limões
2 colheres (sopa) de mel

Bata as framboesas no liquidificador. Coe numa gaze ou peneira fina sobre uma tigela e descarte a polpa. Junte os demais ingredientes e 250 ml/1 xícara de água. Misture bem e congele por 2-3 h. Depois, bata em uma sorveteira ou com um mixer até ficar cremoso, mas não líquido. Recoloque no freezer até ficar firme.

couve-de-bruxelas

NUTRIENTES
Vitaminas B1, B2, B6, C, E, K, betacaroteno, folato; cálcio, cobre, ferro, magnésio, manganês, fósforo, potássio; fibras; ômega-3; proteínas

Poderosa defensora do sistema imunológico, esta pequena hortaliça crocante surpreende pela quantidade de nutrientes que carrega.

A couve-de-bruxelas traz grandes benefícios à saúde. Ela é eficiente, em especial, para estimular o sistema imunológico durante os meses de inverno, quando as infecções são mais comuns. Além de vitaminas e minerais, ela contém diversos fitoterápicos, incluindo glucosinolatos e fenóis antioxidantes. Atualmente, acredita-se que os glucosinolatos combatem os carcinógenos que se formam com o superaquecimento da carne. A couve-de-bruxelas também dá brilho e aspecto saudável à pele.

COUVE-DE-BRUXELAS COM AVELÃS

4 fatias de bacon (opcional)
400 g de couve-de-bruxelas
400 g de castanha portuguesa cozida
25 g de manteiga
sal e pimenta a gosto

Frite o bacon, se decidiu usá-lo, e corte-o em tiras. Cozinhe a couve-de-bruxelas no vapor ou em água por 5 min até ficar cozida, mas resistente. Escorra e junte as castanhas, a manteiga e as tiras de bacon Tempere e sirva a seguir.

cenoura

Este legume colorido pode não ser capaz de fazer enxergar na escuridão, mas é benéfico para os olhos e para a visão em geral.

A cenoura é uma das fontes mais ricas de fitonutrientes conhecidos como carotenoides, responsáveis por sua coloração e por diversos benefícios à saúde. Esses nutrientes tornam a cenoura excelente para os olhos, em especial para ajudar a enxergar com baixa luminosidade. A cenoura não abre mão de seus nutrientes facilmente. Cozida ou na forma de suco, seu valor nutritivo é mais bem aproveitado do que quando crua. E preparada com azeite, facilita a absorção de betacaroteno pelo organismo.

O fumante que come uma cenoura ao dia pode diminuir o risco de desenvolver câncer no pulmão.

NUTRIENTES
Vitaminas C, K, betacaroteno; potássio; fibras

CENOURAS COM LARANJA

450 g de cenouras em palitos curtos
1 colher (sopa) de azeite de oliva
200 g de cebolas picadas
1 colher (chá) de sementes de alcaravia
4 colheres (sopa) de suco de laranja

Cozinhe as cenouras em água por 5 min e escorra. Numa panela aqueça o azeite, refogue a cebola por 3 min, acrescente a alcaravia e continue a refogar por mais por 2 min. Junte as cenouras e o suco, e aumente o fogo para ferver. Cozinhe em fogo baixo por mais 5 min, até que grande parte do líquido tenha evaporado. Sirva a seguir.

couve

NUTRIENTES
Vitaminas B6, C, E, K, betacaroteno; cálcio, cobre, manganês, potássio; fibras

Considerada um superalimento, esta verdura perene mantém o organismo saudável mesmo no inverno.

As verduras de folhas verde-escuras são altamente nutritivas, e a couve é uma das melhores. No inverno, quando o sistema imunológico é atacado, uma porção farta desta verdura, rica em vitamina C, fornece a dose diária recomendada contra resfriados e viroses. Suas propriedades anti-inflamatórias ainda minimizam o risco de ataques de asma e dores nas juntas.

Procure consumir verduras cultivadas sem agrotóxicos.

Saúde à prova de mudanças climáticas

Além de estimular a imunidade, a couve fornece o cálcio necessário para o crescimento e a formação dos ossos, para compensar os efeitos enfraquecedores da rotina menos ativa no inverno, e a luteína e a zeaxantina, que protegem os olhos nesta estação. Ela contém bastante fibra para equilibrar a taxa glicêmica; ficar ao ar livre em dias mais frios estimula o apetite, e em uma porção de couve ingerimos menos de 45 calorias. Além disso, seu consumo constante gera benefícios antioxidantes, desintoxicantes e diminui os riscos de câncer.

COUVE COLORIDA

450 g de cenouras em palitos curtos
225 g de milho verde congelado
450 g de folhas de couve picadas
1 pimentão sem sementes em tiras
sal e pimenta a gosto

Ferva as cenouras com 2 xícaras de água em uma panela, reduza o fogo e cozinhe por mais 5 min. Junte o milho congelado, a couve e o pimentão em tiras, e cozinhe por mais 3 min. Tempere e sirva a seguir.

Salva-vidas

A couve é extraordinariamente rica em betacaroteno. Se você é fumante ou fumante passivo, ela pode salvar sua vida. Um composto na fumaça do cigarro leva comprovadamente à carência em vitamina A, que pode desencadear doenças pulmonares, incluindo enfisema e câncer. Mas isso pode ser revertido ingerindo alimentos ricos em betacaroteno, substância que o corpo converte em vitamina A.

COUVE COM GERGELIM

1 colher (sopa) de óleo de gergelim
2 dentes de alho amassados
450 g de couve picada
1 colher (chá) de shoyu
1 colher (sopa) de sementes de gergelim torradas

Aqueça uma panela com o azeite e refogue o alho por 30 segundos em fogo médio. Junte a couve picada e 2 colheres de sopa de água e aumente o fogo, mexendo sempre até a água evaporar. Incorpore o shoyu e as sementes de gergelim pouco antes de servir.

8

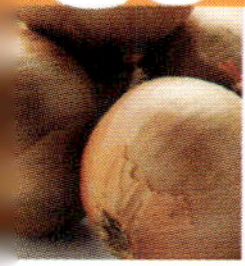

cebola

Com sabor tão intenso quanto seu poder curativo, a estrela da cozinha mantém as doenças bem afastadas.

NUTRIENTES
Vitaminas B6, C, folato; cromo, cobre, manganês, molibdênio, fósforo, potássio; fibras

SOPA DE CEBOLA COM TORRADINHAS DE QUEIJO

4 colheres (sopa) de azeite de oliva
6 cebolas grandes fatiadinhas
2 colheres (sopa) de farinha
2 litros de caldo
2 colheres (sopa) de vinho branco
4 colheres (sopa) de queijo ralado
4 fatias de pão francês

Numa panela, aqueça o azeite e doure a cebola. Junte a farinha. Acrescente o caldo aos poucos e deixe ferver, mexendo de vez em quando. Adicione o vinho e ferva por mais 20 min. Salpique o pão com o queijo e leve ao grill para tostar. Coloque a sopa em pratos fundos com uma torrada por cima e sirva.

As propriedades anti-inflamatórias da cebola fazem dela um ingrediente vital em pratos nutritivos. Ela é repleta de nutrientes que combatem problemas respiratórios em todos os níveis, desde a congestão nasal causada por um resfriado até o chiado da asma. Sua ação bactericida combate todo tipo de doenças infecciosas e ajuda a proteger o sistema digestório, reduzindo o risco de problemas intestinais que podem levar ao câncer. Os mesmos compostos são responsáveis pelo cheiro e pelos efeitos curativos da cebola; logo, quanto mais ardida, mais benéfica.

pimentão

Este legume versátil fornece uma incrível variedade de nutrientes que ajudam a ver e a respirar melhor.

O pimentão fornece uma saudável porção de nutrientes, incluindo dois antioxidantes que atuam em conjunto: o betacaroteno (precursor da vitamina A) e a vitamina C. Juntos, eles oferecem proteção contra radicais livres, que prejudicam as células, protegem os pulmões contra infecções, asma e até mesmo contra o fumo passivo. Os pimentões vermelhos combatem o câncer em especial, pois são ricos em licopeno, vitamina C e carotenoides, que protegem a visão e diminuem o risco de doenças oculares.

NUTRIENTES
Vitaminas B6, C, K, betacaroteno e outros carotenoides

SALADA DE PIMENTÃO GRELHADO E NOZES

4 pimentões sem sementes em tiras
um punhado de nozes
2 colheres (sopa) de azeite de oliva
1 colher (chá) de vinagre
1 alface ligeiramente picada
sal a gosto

Coloque os pimentões numa grelha quente até que a pele escureça e forme bolhas. Ponha num saco plástico fechado. Quando frios, retire toda a pele. Doure as nozes numa frigideira com 1 colher (chá) de azeite. Misture bem o restante do azeite, o vinagre e o sal. Coloque a alface numa travessa com as nozes e pimentões por cima. Regue com o molho e sirva.

manjericão

Esta erva aromática tem ação antimicrobiana que ajuda a diminuir o risco de intoxicação alimentar.

NUTRIENTES
Vitaminas A, C; cálcio, ferro, magnésio, manganês, potássio; fibras

Adicione as folhas frescas de manjericão no final do cozimento, para preservar seu sabor e efeito salutar.

O manjericão há muito é usado por suas propriedades curativas – o fitoterápico aiurvédico tulsi é na verdade o manjericão-santo (*Ocimum sanctum*), parente próximo do nosso manjericão (*Ocimum basilicum*) do dia-a-dia. O óleo essencial das folhas do manjericão reduz as inflamações e mata bactérias nocivas. Testes recentes comprovaram que esse óleo combate o crescimento de organismos resistentes a antibióticos, incluindo os responsáveis por intoxicações alimentares e outros que infectam feridas. Devido à sua tradição como anti-inflamatório, estudos têm sido feitos para comprovar sua eficácia nessa área. Um recipiente com manjericão dentro de casa funciona como repelente natural de insetos.

SALADA TRICOLOR

450 g de tomates-cerejas cortados ao meio
225 g de mussarela em cubos
2 colheres (sopa) de vinagre balsâmico
um punhado generoso de folhas de manjericão

Numa travessa, junte os tomates e a mussarela; regue com vinagre e misture. Salpique com folhas de manjericão e sirva a seguir.

cravo

De sabor marcante, o cravo alivia a dor de dente e as feridas bucais, e é um conhecido remédio contra o mau hálito.

Bactericida e anti-inflamatório, o cravo é mais comum no armarinho de remédios do que na cozinha. Há muito é usado para diminuir a dor de dente, mas além das propriedades anestésicas, ele combate a infecção bacteriana e a inflamação, que podem desencadear a gengivite e afetar os dentes. O óleo essencial no cravo contém um composto chamado eugenol, que há muito é usado pelos dentistas, e muitos o têm em casa para essa mesma finalidade. As propriedades anti-inflamatórias do eugenol também protegem as articulações.

NUTRIENTES
Vitamina C; cálcio, magnésio, manganês; fibras; ômega-3

MAÇÃS ASSADAS

4 colheres (sopa) cheias de uva-passa (preta ou branca)
1 colher (chá) de noz-moscada ralada
4 maçãs grandes descascadas e sem o miolo
4 colheres (chá) de cravos
1 colher (sopa) de manteiga (opcional)

Preaqueça o forno a 190°C. Misture as frutas com a noz-moscada e recheie as maçãs. Espete as maçãs com cravos e coloque-as em uma assadeira untada. Coloque uma colher (sopa) de água e um pouquinho de manteiga sobre cada maçã. Asse por 25 min até ficarem macias, regando de vez em quando. Sirva as maçãs sozinhas ou com creme de leite batido.

coentro

NUTRIENTES
Ferro, magnésio, manganês; fibras

Este ingrediente versátil minimiza os efeitos nocivos do calor sobre a comida.

O coentro é atípico, pois suas folhas são utilizadas como ervas e suas sementes ou grãos são usados como tempero. Ambas as formas são muito populares na culinária de diversos países, principalmente os de clima quente, onde é difícil proteger a carne do calor e das moscas. Cientistas já descobriram o motivo da fama: o coentro protege contra a intoxicação alimentar. Ele contém compostos bactericidas que protegem contra diversos micróbios, incluindo alguns dos mais perigosos, como a salmonela. A medicina aiurvédica usa o coentro como anti-inflamatório.

SOPA VERDE EGÍPCIA

1 litro/4 xícaras de caldo
450 g de espinafre picado
1 colher (sopa) de azeite de oliva
4 colheres (chá) de coentro em grão moído
4 dentes de alho amassados
½ colher (chá) de sal
1 colher (chá) de vinagre (opcional)
2 colheres (sopa) de coentro fresco picado

Ferva o caldo numa caçarola. Junte o espinafre, espere ferver novamente e cozinhe por mais 5 min. Aqueça o óleo numa frigideira e toste o coentro em grão, o alho e o sal por 1-2 min, até o alho dourar. Adicione o espinafre com o vinagre, se optou por ele. Mexa e salpique o coentro por cima. Sirva a seguir.

mostarda

Valorizada por seu poder calorífico, ela protege os pulmões de várias maneiras.

A mostarda em grão há muito é usada para combater afecções respiratórias. Ela é rica em selênio e magnésio, dois nutrientes indispensáveis que estão sempre em falta nas dietas modernas. Ela diminui a inflamação nos pulmões e inibe os sintomas da asma. Um emplastro de mostarda em grão no peito ajuda a eliminar a secreção dos pulmões. Menos usadas que a mostarda em grão, as folhas de mostarda são ricas em outros nutrientes, incluindo vitamina C e betacaroteno, que melhoram a função pulmonar e ajudam a proteger contra os efeitos nocivos do fumo passivo.

NUTRIENTES
Vitamina B3; cálcio, ferro, magnésio, manganês, fósforo, selênio, zinco; fibras; ômega-3; proteínas

MOLHO VINAGRETE

2 colheres (chá) de mostarda em grão
1 colher (chá) de sal
2 dentes de alho (opcional)
2 colheres (sopa) de vinagre balsâmico ou de vinho
6 colheres (sopa) de azeite de oliva

Triture a mostarda em grão num pilão socador ou num moedor, junte o sal e o alho (opcional) e moa novamente. Coloque numa tigela e incorpore o azeite e o vinagre.

cúrcuma

Valorizada por sua coloração, esta especiaria é um dos ingredientes do curry que mais protege a saúde.

NUTRIENTES
Vitamina B6; ferro, manganês, potássio

Acompanhado de verduras crucíferas, a cúrcuma aumenta a proteção contra o câncer de próstata.

Muitas especiarias trariam resultados excelentes se não fossem consumidas em quantidades tão pequenas. A cúrcuma, no entanto, é um anti-inflamatório tão potente, que o pouco que se usa no curry basta para diminuir o risco de doenças. Estudos indicam que ele pode proteger contra inflamações intestinais e diversos tipos de câncer, alivia a dor e a rigidez da artrite e melhora a função hepática. A cúrcuma também combate os efeitos carcinogênicos de alguns aditivos presentes nos alimentos processados.

COUVE-FLOR PICANTE

- **1 couve-flor grande**
- **1 colher (sopa) de óleo de amendoim ou girassol**
- **1 colher (chá) de coentro em pó**
- **1 colher (chá) de pimenta-do-reino em pó**
- **1 cebola grande picada**
- **1 colher (chá) de sal**
- **1 colher (sopa) de cúrcuma**

Separe a couve-flor em floretes e cozinhe no vapor por 10 min. Enquanto isso, numa panela, aqueça o óleo em fogo brando e doure ligeiramente o coentro e a pimenta-do-reino. Junte a cebola e refogue por 3-5 min até ficar transparente. Adicione o sal e a cúrcuma. Incorpore a couve-flor até ficar totalmente recoberta e sirva.

15

grão-de-bico

Rico em minerais que estimulam o processo metabólico, o grão-de-bico dá energia para enfrentar a vida agitada.

NUTRIENTES
Folato; cobre, ferro, manganês, molibdênio, fósforo; fibras; proteínas

A necessidade de minerais essenciais, em especial o ferro, aumenta quando se trabalha em excesso, e ajuda o organismo a inibir infecções. A deficiência de ferro é mais comum entre mulheres antes da menopausa, por conta da perda sanguínea mensal. Se você, como muitos, come pouca carne vermelha, pode estar com carência desse mineral. O grão-de-bico fornece ferro suficiente, além de ajudar a estabilizar o índice glicêmico. Ele ainda ajuda o organismo a lidar com os conservantes encontrados em comidas processadas, que podem desencadear cefaléias. O grão-de-bico enlatado (sem adição de açúcar nem sal) é igualmente nutritivo.

HOMUS

400 g de grão-de-bico cozido escorrido
2 dentes de alho amassados
3 colheres (sopa) de suco de limão-siciliano
2 colheres (sopa) de tahine (pasta de gergelim)
2 colheres (sopa) de azeite de oliva

Bata no liquidificador ou amasse numa tigela o grão--de-bico com o alho e o suco de limão. Incorpore o tahine, o azeite e um pouco de água, para deixar mais homogêneo, se necessário. Sirva com pão integral ou legumes crus.

16

mexilhão

NUTRIENTES
Vitaminas B2, B6, B12, E, folato; ferro, potássio, selênio, zinco

SOPA DE MEXILHÕES

1 kg de mexilhões bem lavados
1,5 litro/6 xícaras de caldo de peixe ou água
1 colher (sopa) de azeite de oliva
1 cebola grande picada
1 cenoura grande em cubos
1 talo de aipo picado
125 ml de vinho branco
sal e pimenta a gosto

Ferva os mexilhões no caldo até que as conchas se abram. Remova e descarte as que ficarem fechadas. Salteie os legumes no azeite quente por 5 min. Escorra o caldo e acrescente os legumes. Adicione o vinho, deixe ferver e cozinhe por 10 min, até que os legumes estejam macios. Junte os mexilhões, tempere e sirva.

O mexilhão é um alimento riquíssimo devido ao selênio e ao ômega-3 que contém.

Uma porção semanal de mexilhões pode ajudar a controlar os males do dia-a-dia, como asma, eczema e dores articulares, e a prevenir o desequilíbrio hormonal. Os mexilhões são ricos em minerais, incluindo o selênio (ausente na maioria das dietas), que reduz a inflamação. Outro potente efeito anti-inflamatório deriva do ômega-3, que está presente nos mexilhões mais que em qualquer outro crustáceo. Tanto o selênio quanto o ômega-3 ainda ajudam a regular a produção de hormônios. Os diversos efeitos benéficos do ômega-3 incluem a proteção

MEXILHÕES AO MOLHO

4 tomates em cubos
4 dentes de alho amassados
2 pimentas sem sementes picadas
2 pimentões verdes sem sementes picados
suco de 2 limões-sicilianos
2 colheres (sopa) de azeite de oliva
16 mexilhões limpos

Para preparar o molho, misture bem todos os ingredientes, exceto os mexilhões, e leve à geladeira. Cozinhe os mexilhões no vapor até que as conchas estejam todas abertas. Sirva acompanhadas do molho e de pão fresco.

contra o câncer e cardiopatias, a prevenção do dano celular e a melhora da função cerebral.

A escolha certa

Aconselha-se comer peixes gordurosos 2-3 vezes por semana; mas é preciso ter cuidado, pois algumas espécies sofrem pesca predatória e outras vivem em águas poluídas. Como os mexilhões são criados, não há esse risco. Siga as recomendações da página 9, no quadro "Cuidados necessários", para escolher e preparar frutos do mar.

Os mexilhões contêm duas vezes mais ferro que a mesma quantidade de carne vermelha.

avestruz

NUTRIENTES
Vitaminas B2, B3, B6, B12; cobre, ferro, fósforo, selênio, zinco; proteínas

FILÉ DE AVESTRUZ AO VINHO

- **2 colheres (sopa) de azeite de oliva**
- **4 colheres (sopa) de vinho tinto**
- **1 colher (sopa) de alecrim picado**
- **1 colher (sopa) de tomilho picado**
- **4 dentes de alho amassados**
- **4 filés de carne de avestruz**

Disponha os filés em um recipiente não metálico, sem os sobrepor. Misture bem o azeite, o vinho tinto, as ervas e o alho numa tigela e despeje sobre os filés. Deixe marinar por pelo menos 1 h, virando de vez em quando. Grelhe os filés em fogo moderado, até ficarem cozidos por igual. Sirva a seguir.

Aproveite a energia e o vigor oferecidos pela carne de avestruz, que tem baixo teor de gordura.

A carne de avestruz é rica em vitamina B12, que raramente é encontrada em outros alimentos além da carne vermelha.

Considerada fonte de proteína magra, com apenas 1% de lipídios, a carne de avestruz é muito mais saudável que as outras carnes vermelhas. Seu teor de gordura é 66% inferior ao da carne bovina, e o de colesterol é três vezes menor que o do frango e o do peru. É o ingrediente ideal para repor o ferro, cuja carência provoca anemia. A carne de avestruz também é rica em vitaminas do complexo B, que ajudam o organismo a estocar energia e protegem contra a enxaqueca, a osteoporose e alguns tipos de câncer.

mel

Este alimento versátil ajuda na cicatrização de feridas, facilita a digestão e previne úlceras bucais.

O mel vem sendo usado ao longo da história por suas propriedades curativas. Cobrir uma úlcera ou ferida com mel acelera a recuperação, graças ao seu poder antisséptico e seu efeito desidratante, que inibem o crescimento de fungos e bactérias. Ele ainda também diminui o risco de desenvolver gengivite. Ingerido, traz ainda mais benefícios, pois facilita a digestão e, segundo estudos recentes, combate as bactérias que causam intoxicação alimentar. A fonte de alimentação das abelhas influencia o mel – seu poder curativo é maior quando elas extraem o pólen de plantas benéficas à saúde, como a érica (*Leptospermum Scoparium*), nativa da Nova Zelândia.

NUTRIENTES

Vitaminas B2, B6; ferro, manganês

VINAGRETE DE MEL

2 colheres (sopa) de mel
2 colheres (sopa) de vinagre de maçã
3 colheres (sopa) de azeite de oliva extravirgem
1 colher (chá) de mostarda de dijon (opcional)
uma pitada de sal

Aqueça o mel e o vinagre numa panela em fogo brando. Incorpore o azeite, batendo a mistura com um garfo. Retire do fogo e junte a mostarda e o sal. Sirva acompanhando uma salada morna de frango, por exemplo.

19

limão-siciliano

NUTRIENTES
Vitamina C; flavonoides; limonina

PEIXE ACRE

4 filés de atum sem pele (ou outro peixe escolhido)
raspas e suco de 1 limão--siciliano
raspas e suco de 1 limão-taiti
2 colheres (sopa) de azeite de oliva
2 colheres (chá) de cebolinha verde picadinha
1 colher (chá) de pimenta-do--reino moída

Preaqueça um grill ou chapa. Forre com papel-alumínio e arranje o peixe. Espalhe o azeite misturado com as raspas de limão sobre os filés. Grelhe por cerca de 8-10 min, virando na metade do tempo, até ficarem totalmente cozidos. Misture bem os sucos de limão, a cebolinha e a pimenta. Regue sobre os peixes e sirva a seguir.

Nada é mais refrescante que o limão-siciliano, com seu fantástico poder purificador e antioxidante.

Embora acre, a limonada de limão-siciliano agrada à maioria, com um sabor refrescante que poucas frutas conseguem reproduzir. Durante um rápido jejum desintoxicante, ele inibe o apetite e refresca o hálito. Acrescentado ao molho da salada ou à marinada, o limão-siciliano facilita a digestão da carne, por exemplo. Seu efeito calmante sobre o sistema digestório ameniza a flatulência e a azia, e sua característica levemente bactericida reduz o possível desconforto intestinal. Repleto de vitamina C, o limão-siciliano tem uma potente ação antioxidante que fortalece as células do corpo, ajudando a desintoxicação.

ameixa seca

A ameixa seca regula a digestão, acelerando ou retardando o seu funcionamento, conforme a necessidade.

Além de preservar os nutrientes da fruta fresca, a ameixa seca tem ação benéfica sobre o sistema digestório. Ela sempre foi considerada o remédio natural mais efetivo e menos agressivo contra a prisão de ventre. Seu alto teor de fibras amolece os resíduos dos alimentos ressecados por sua permanência prolongada no intestino, ajudando a eliminá-los do organismo sem sofrimento. Da mesma forma, ela pode retardar a passagem do alimento pelo estômago, evitando a indigestão e os gases. A ameixa reduz o colesterol, pois facilita a eliminação das gorduras, e estimula a flora intestinal, inibindo a proliferação de bactérias nocivas no intestino.

NUTRIENTES
Betacaroteno; cobre, potássio; fibras

COMPOTA DE FRUTAS SECAS

2 colheres (sopa) cheias de ameixas secas picadas
2 colheres (sopa) de maçã desidratada picada
2 colheres (sopa) de frutas vermelhas desidratadas ou outra fruta seca
1 colher (chá) de suco de limão-siciliano

Coloque todos os ingredientes numa tigela e cubra com água. Deixe refrigerar durante a noite. Misture bem e sirva no café-da-manhã, regada com iogurte.

21

maçã

NUTRIENTES
Vitaminas C, K; fibras; flavonoides

CHARLOTE DE MAÇÃ

1 kg de maçãs sem sementes em fatias
2 colheres (sopa) de mel
½ colher (chá) de canela
uma pitada de noz-moscada
8 fatias de pão com manteiga dos dois lados

Preaqueça o forno em 190°C. Numa panela, cozinhe as maçãs com 2 colheres (sopa) de água, mexendo até virar purê. Junte o mel, a canela e a noz-moscada. Forre os lados e o fundo de uma fôrma untada com metade do pão, coloque o purê e cubra com a outra metade. Asse por 30 min, até corar. Sirva a seguir.

Esta fruta é um desintoxicante e digestivo natural, graças à combinação de pectina e fibras.

A maçã traz muitos benefícios à saúde. Os cientistas apenas começaram a identificar os inúmeros nutrientes que promovem o bem-estar. Seu papel de destaque, no entanto, é na digestão e na desintoxicação. O consumo da maçã ajuda na desintoxicação, deixando-nos mais saciados por um período mais prolongado, e pode aliviar até mesmo a prisão de ventre crônica, um problema comum causado pela má nutrição, que impede o organismo de eliminar as toxinas e pode causar doenças mais graves, desde hemorroidas até câncer no intestino.

Gel delicado

A maçã é rica em fibras solúveis e insolúveis, que ajudam a passagem dos alimentos pelos órgãos da digestão, num ritmo saudável. As fibras recolhem as toxinas, como os metais pesados, ao longo do percurso – bem como o colesterol, um dos motivos pelo qual ela também é considerada benéfica para a saúde das artérias. Assim, as toxinas e o colesterol podem ser eliminados em segurança com a ajuda da fibra solúvel, a pectina, que produz uma substância gelatinosa que amolece os resíduos do organismo, facilitando sua eliminação natural. A pectina tem ação reguladora sobre a velocidade da digestão, retardando-a ou apressando-a, conforme necessário. Seu efeito gelatinoso pode ainda amenizar a diarreia, que remove os alimentos do sistema rápido demais, impedindo que os nutrientes essenciais sejam absorvidos, o que pode levar a níveis alarmantes de desidratação.

A casca da maçã também é rica em quercetina, que minimiza os danos do sol sobre a pele.

22

alcachofra

Esta pequena planta pontuda pode ser a resposta para amenizar a síndrome do cólon irritável.

NUTRIENTES
Vitaminas B6, C; cálcio, ferro, magnésio, manganês, fósforo, potássio; fibras

ALCACHOFRA FRESCA

4 alcachofras
8 colheres (sopa) de molho vinagrete (p. 23)

Retire o caule e as folhas da base da alcachofra e ferva em água e sal por 30-40 min, até que as folhas se destaquem facilmente. Escorra e deixe esfriar. Para comer, retire as folhas e passe no molho vinagrete. Corte o fundo da alcachofra e tempere com azeite e molho vinagrete.

O alto teor de fibras da alcachofra facilita a digestão. Para quem sofre de indigestão ou da síndrome do cólon irritável, a alcachofra pode amenizar sintomas como cólicas abdominais, flatulência, náusea, prisão de ventre e diarreia. Ela age estimulando o fluxo da bílis, substância que ajuda a digerir a gordura e ativa os movimentos normais do intestino, o que ainda impede o acúmulo de toxinas no fígado e diminui o risco de pedras na vesícula. O consumo de alcachofra pode ajudar a reduzir os efeitos de uma dieta gordurosa.

beterraba

O nutriente que confere à beterraba sua coloração especial tem propriedades desintoxicantes e anticancerígenas.

O vermelho intenso da beterraba dá a ela sua reputação de purificadora do sangue. E ela ajuda também na purificação das células, ao estimular a produção de enzimas desintoxicantes pelo fígado. Além disso, a betacianina, seu pigmento vermelho, é bastante eficaz no combate às alterações cancerígenas. A beterraba é um ingrediente bastante usado nos sucos para dietas. Cientistas comprovaram que o suco de beterraba combate os efeitos dos nitratos – conservantes químicos presentes em carnes processadas que provocam câncer no intestino.

NUTRIENTES
Vitamina C, folato; cobre, ferro, magnésio, manganês, potássio, fósforo; fibras

SOPA DE BETERRABA

2 colheres (sopa) de azeite de oliva
1 cebola picada
2 dentes de alho amassados
4 beterrabas grandes picadas
2 cenouras picadas
1 litro/4 xícaras de caldo
4 colheres (sopa) de iogurte

Refogue as cebolas no azeite em uma panela grande, por 2-3 min. Junte o alho e refogue por mais 1 min. Acrescente as beterrabas, as cenouras e o caldo e deixe ferver. Diminua o fogo, tampe e cozinhe por cerca de 45 min, até os legumes ficarem tenros. Faça um purê e sirva em quatro pratos individuais com uma colher de iogurte por cima.

24

brócolis

NUTRIENTES
Vitaminas A, B6, C, E, K, folato; magnésio, fósforo, potássio; fibras

Poderoso defensor contra úlceras de estômago, o brócolis aniquila as bactérias nocivas.

Além de auxiliar nos processos de desintoxicação do organismo, o brócolis é rico em um composto chamado sulforafano, que fortalece as células para resistir a danos. Recentemente se descobriu que ele facilita a digestão combatendo uma bactéria muito resistente, a *Helicobacter pylori*. Esta não apenas sobrevive ao suco gástrico, que mata a maioria das bactérias, como também, em alguns casos, resiste a antibióticos. Assim, ela destrói o revestimento gástrico, produzindo úlceras que podem levar ao câncer. O brócolis minimiza a dor, podendo inclusive reduzir a quantidade de bactérias no estômago.

BRÓCOLIS COM AMÊNDOAS

450 g de brócolis em floretes
1 colher (chá) de azeite de oliva
55 g de amêndoas em lâminas
suco de 1 limão-siciliano
2 colheres (sopa) de brotos de brócolis (opcional)

Cozinhe a verdura no vapor, por 5-10 min. Aqueça o azeite e doure as amêndoas em fogo brando. Misture o brócolis e as amêndoas numa travessa e regue com o suco de limão. Se desejar, cubra com os brotos de brócolis.

25

couve-flor

Estes delicados floretes dão uma força e tanto ao fígado na limpeza do organismo.

Integrante da família dos vegetais crucíferos, a couve-flor tem muitas qualidades funcionais, incluindo a capacidade de ajudar na desintoxicação celular. Os alimentos processados são repletos de substâncias artificiais, e mesmo os tidos como saudáveis contêm elementos cuja permanência no organismo pode ser nociva. O fígado trabalha duro para filtrar essas toxinas, capazes de provocar danos celulares que levam ao câncer e a outras doenças, e é ajudado pela couve-flor, que é rica em antioxidantes. Seus potentes efeitos derivam de compostos como os glucosinolatos, que fortalecem o fígado em todos os estágios da desintoxicação.

NUTRIENTES
Vitaminas B5, B6, C, folato; manganês; fibras; ômega-3

Uma porção grande de couve-flor fornece a quantidade diária recomendada de vitamina C.

COUVE-FLOR À PROVENÇAL

- **1 colher (sopa) de azeite de oliva**
- **1 cebola grande picada**
- **2 dentes de alho amassados**
- **2 abobrinhas pequenas em cubos**
- **400 g de tomates picados**
- **1 couve-flor grande em floretes**

Refogue a cebola no azeite por 2-3 min. Junte o alho, as abobrinhas e os tomates e cozinhe por 5-10 min. Enquanto isso, cozinhe a couve-flor no vapor por 5-10 min até ficar macia, e disponha-a numa travessa. Regue com o molho e sirva.

26

pepino

Legume crocante, repleto de minerais, o pepino facilita a digestão e hidrata o organismo.

NUTRIENTES
Vitaminas A, C e folato; magnésio, manganês, molibdênio, potássio, sílica; fibras

O alto teor de fibras do pepino mantém o funcionamento do sistema digestório e, diferentemente de outros alimentos ricos em fibras, ele é balanceado com uma reserva própria de líquido. O consumo do pepino pode diminuir ou prevenir a prisão de ventre, causada em geral pela falta de ingestão de líquidos. Ele ajuda também em caso de diarreia, pois além de reidratar, repõe minerais essenciais. O suco de pepino fresco ainda ameniza a acidez da indigestão. Os seus minerais estão contidos na casca, mas a polpa, famosa por aliviar a irritação cutânea, é rica em vitamina C e ácido cafeico, que reduzem a inflamação.

SALADA DE PEPINO E HORTELÃ

- **4 colheres (sopa) de hortelã picada e algumas folhas para guarnição**
- **1 pepino grande picado**
- **2 talos de aipo picados**
- **2 colheres (chá) de vinagre de vinho branco**
- **8 colheres (sopa) de iogurte light**

Misture bem a hortelã picada, o pepino e o aipo numa vasilha. Em outra, bata o vinagre com o iogurte. Regue a salada com esse molho, salpique com as folhas de hortelã e sirva.

27

chicória

Esta clássica verdura pode ser amarga, mas ajuda na digestão.

A chicória contém intibina, que estimula o apetite e prepara o sistema digestório para lidar com alimentos pesados. É esse composto que dá à chicória seu sabor ligeiramente amargo (quanto mais acentuado o sabor, maiores os benefícios) e faz dela uma entrada tentadora. A chicória também tem ação desintoxicante, atuando como tônico para o fígado e a vesícula. Suas propriedades diuréticas ajudam o organismo a eliminar as toxinas pelo aumento da micção. Outras verduras da mesma família, como escarola, endívia e radicchio, apresentam alguns dos mesmos efeitos.

NUTRIENTES
Vitaminas A, complexo B, betacaroteno; ferro, potássio

SUPERENTRADA

4 folhas de chicória picadas
4 folhas de radicchio picadas
1 pé de endívia
2 peras sem sementes em cubos
8 nozes descascadas
vinagrete de mel (p. 29)

Misture todos os ingredientes e tempere com um pouco de vinagrete de mel. Sirva a seguir.

28

agrião

NUTRIENTES
Vitaminas B1, B6, C, E, K, betacaroteno, ácido fólico; cálcio, ferro, zinco; proteínas

O sabor picante de suas folhas verde-escuras denuncia seu poder estimulante.

Repleto de nutrientes, o agrião há muito é valorizado por suas propriedades medicinais. Ele é um diurético suave, e previne o desconforto da retenção hídrica, ajudando os rins a filtrar mais urina. Tido como um tradicional remédio depurador, acredita-se que estimula a função biliar e purifica o sangue – resultando numa melhora visível na pele. Cientistas apenas começam a compreender seu efeito desintoxicante de fato: o agrião contém alguns dos nutrientes anticancerígenos mais potentes encontrados nas plantas. Esses compostos – incluindo o feniletilisotiocianato, ou PEITC, responsável pelo característico sabor picante – ajudam nos dois estágios da desintoxicação celular, tornando os carcinógenos inofensivos.

AGRIÃO FRITO COM AMÊNDOAS E GENGIBRE

4 colheres (sopa) de amêndoas em lâminas
2 colheres (sopa) de óleo
450 g de agrião picado
5 cm de gengibre picado
4 colheres (sopa) de missô
4 colheres (sopa) de vinagre de arroz

Aqueça uma wok ou frigideira, toste as amêndoas e reserve. Coloque o azeite na panela e refogue o agrião e o gengibre por 3 min. Junte o missô, o arroz, o vinagre e as amêndoas, mexendo bem, e sirva.

29

pimenta-do-reino

Esta especiaria tem dupla ação ao expulsar as toxinas do organismo por meio do suor e da urina.

A pimenta-do-reino ajuda na digestão e na desintoxicação de diversas formas. Seu sabor picante estimula as papilas gustativas, encorajando o organismo a secretar mais ácido clorídrico, que quebra os alimentos no estômago. Se o organismo não produzir ácido clorídrico suficiente, os alimentos podem ficar no estômago por tempo demais, provocando a sensação de indigestão. Ou talvez sigam parcialmente digeridos para o intestino, onde produzem gases, podendo levar à diarreia. A ação da pimenta-do-reino estimula a digestão completa. Os alimentos picantes também ativam a produção de urina, através da qual as toxinas filtradas pelos rins são excretadas. E a elevação da temperatura da pimenta estimula o suor, outra rota de eliminação.

NUTRIENTES
Vitamina K; ferro, manganês; fibras

Acredita-se que a pimenta-do-reino acelere a queima de gordura, estimulando o processo metabólico.

ARROZ COM PIMENTA-DO-REINO

350 g de arroz basmati cozido
2 colheres (sopa) de pimenta-do-reino em grão
2 colheres (chá) de mostarda em grão
2 colheres (sopa) de óleo
115 g de castanhas-de-caju
½ colher (chá) de cúrcuma

Cozinhe o arroz por 10 min. Toste a pimenta e a mostarda por 2 min, depois triture-as. Aqueça o óleo, junte as castanhas e a cúrcuma e refogue por 2 min. Incorpore a pimenta, a mostarda e o arroz. Sirva.

sementes de cominho

Esta saborosa especiaria tem um aroma intenso característico e é um excelente digestivo.

NUTRIENTES
Ferro, manganês

CENOURAS AO COMINHO

- **1 colher (sopa) de sementes de cominho**
- **450 g de cenouras em palitos**
- **1 colher (sopa) de óleo de amendoim ou girassol**
- **2 dentes de alho amassados**
- **2 colheres (sopa) de vinho branco**

Toste ligeiramente o cominho numa panela e, depois, triture-o num moedor ou pilão. Cozinhe as cenouras em água por 5 min, até começarem a amolecer. Escorra. Em outra panela, aqueça o óleo e refogue o alho por 1 min. Acrescente as cenouras e o vinho e cozinhe até que evapore. Misture o cominho em pó e sirva a seguir.

Na Ásia e no Oriente Médio, há muito se aprecia o cominho por seus benefícios para a digestão. Ele alivia os gases e previne desordens digestivas como a diarreia. A medicina busca explicações para isso: os pequenos grãos – marrom-esverdeados, pretos e brancos – podem estimular a produção de enzimas pancreáticas que ajudam o organismo a processar os alimentos e a absorver os nutrientes. Ele mata muitas bactérias que se formam nos alimentos e auxilia o fígado nos processos depurativos. Mascar as sementes depois de comer carne purifica o hálito. Para facilitar a digestão após uma refeição, mastigue uma mistura de sementes de cominho, cardamomo, erva-doce e cravo.

gengibre

O melhor e mais suave remédio para a náusea é um aliado fiel de viajantes e grávidas.

Deixar biscoitinhos de gengibre sempre à mão no início da gravidez é um conselho que passa de geração a geração. O gengibre agora foi reconhecido pelos cientistas como um remédio de rápida ação contra náuseas de todos os tipos, mais efetivo que as drogas de costume. Também tem a fama de tratar a indigestão. O efeito térmico desta pequena raiz promove a desintoxicação, estimulando o suor. E ainda é um potente anti-inflamatório capaz de aliviar a dor da artrite, e seu ingrediente ativo, o gingerol, é capaz de eliminar células cancerígenas. Para potencializar sua ação, descasque e rale um pedaço de 2-3 cm de gengibre fresco e coloque em infusão em água fervente. Beba como chá.

NUTRIENTES
Vitamina B6; cobre, magnésio, manganês, potássio

LEGUMES AGRIDOCES

1 cebola grande picada
2 colheres (sopa) de óleo de amendoim ou girassol
2 dentes de alho amassados
5 cm de gengibre picado
4 colheres (sopa) de suco de maçã
900 g de legumes não tuberosos à escolha picados
2 colheres (sopa) de shoyu

Aqueça o óleo numa wok e refogue a cebola por 2-3 min. Junte o alho, o gengibre e o suco de maçã, e cozinhe por 3 min. Acrescente os legumes. Salteie-os até ficarem macios. Misture o shoyu pouco antes de servir.

32

hortelã

NUTRIENTES
Vitaminas A, B2, C, folato; cálcio, cobre, ferro, magnésio, manganês, potássio; fibras; ômega-3

Guarneça alimentos cozidos com folhas frescas de hortelã para ajudar a digestão.

Esta erva popular de perfume marcante tem efeito calmante sobre a musculatura e a digestão.

De um punhado de folhas frescas a um saquinho de balas, a hortelã alivia os problemas digestivos rapidamente. Ela ameniza a azia, elimina bactérias, alivia os gases e regula o funcionamento do intestino. Sua capacidade de conter espasmo muscular faz dela um poderoso remédio contra a síndrome do cólon irritável e as cólicas abdominais. Use-a com cautela caso sofra de azia (quando o suco gástrico retorna até a garganta), pois apesar de ajudar muitas pessoas, há quem ache que ela agrava o problema.

CHÁ DE HORTELÃ

4 colheres (sopa) de hortelã picadinha
2,5 cm de gengibre fatiado
2 colheres (chá) de mel
2 xícaras de água

Despeje a água fervente sobre a hortelã e o gengibre. Deixe em infusão até esfriar. Beba adoçado com mel.

33

iogurte

Este calmante para o estômago provê os benefícios dos laticínios para quem não pode beber leite.

Algumas pessoas não digerem laticínios porque seu organismo não produz lactase. Mas, como a cultura presente no iogurte produz sua própria lactase, ele pode ser consumido pela maioria. O iogurte ainda promove o crescimento de bactérias benéficas no intestino. Os iogurtes probióticos têm ação mais direta, pois são constituídos de micro-organismos vivos. Seu consumo regular combate a bactéria que provoca úlceras no estômago.

NUTRIENTES
Vitaminas B2, B5, B12; cálcio, iodo, molibdênio, fósforo, potássio, zinco; proteínas

Comer iogurte reduz o risco de problemas digestivos em viagens.

IOGURTE COM NOZES E MEL

400 g/1 ½ xícara de iogurte
um punhado grande de nozes
4 colheres (sopa) de mel
4 colheres (sopa) de amêndoas

Misture o iogurte com as nozes numa tigela. Regue com o mel, em espiral, cobrindo toda a superfície. Salpique com as amêndoas e sirva.

uva

Fruta suculenta e refrescante, a uva é fácil de comer, é energética e repõe os minerais essenciais perdidos durante a prática de exercícios.

NUTRIENTES
Vitaminas B1, B6, C; manganês, potássio; flavonoides

A combinação de uva e queijo em cubinhos repõe a energia depois de malhar.

Se você procura uma solução para se alimentar antes da ginástica, a uva é uma opção refrescante. Exercitar-se logo após uma refeição provoca indigestão, mas de estômago vazio não há energia suficiente para gastar. A uva é ideal para fazer um lanchinho, pois é leve e rica em carboidratos que fornecem energia imediata, fácil de digerir, e ainda repõe parte dos líquidos e minerais eliminados pelo suor. O ideal é deixá-las por perto e ir comendo à medida que se exercita. As uvas beneficiam o coração, fazendo baixar o colesterol ruim.

SALADA REFRESCANTE DE UVA

1 colher (chá) de azeite de oliva
1 colher (sopa) de vinagre de vinho
2 maçãs picadas
100 g de uvas sem sementes
1 pepino pequeno picado

Numa tigela, misture bem o azeite e o vinagre, formando um molho. Junte as maçãs, as uvas e o pepino numa travessa. Regue com o molho e sirva.

35

abacaxi

Uma enzima versátil na composição desta fruta refrescante pode curar dores traumáticas e ferimentos resultantes da prática esportiva.

NUTRIENTES
Vitaminas B1, B6, C; cobre, manganês; fibras

Beliscar o abacaxi entre as refeições ajuda o organismo a repor seus nutrientes. Uma enzima em particular, a bromelina, atua como poderoso anti-inflamatório. Ela diminui o risco de inflamação quando as articulações e os músculos se esforçam ou sofrem algum pequeno dano. Reforçada pelo alto teor de vitamina C do abacaxi, a bromelina ajuda o corpo a se recuperar mais rapidamente de traumas e ferimentos e diminui a dor de doenças inflamatórias como artrite e dor de garganta. A fruta fresca é mais eficaz, pois o processamento reduz o poder dessa enzima.

SALSA DE ABACAXI

1 abacaxi pequeno
1 cebola roxa em cubos
1 colher (chá) de suco de limão-siciliano
5 cm de gengibre picado
1 colher (sopa) de hortelã picada

Descasque e pique o abacaxi. Misture com a cebola, o suco de limão, o gengibre e a hortelã. Leve ao refrigerador por até 12 horas. Sirva acompanhando carnes frias ou peixe.

36

melancia

NUTRIENTES
Vitaminas B1, B6, C, betacaroteno; potássio, magnésio; licopeno

Além de reidratar depois da prática de exercícios, esta fruta refrescante afasta os efeitos nocivos do esforço físico.

A melancia contém minerais que ajudam o organismo a aproveitar melhor seus líquidos, só que faz mais do que apenas repô-los. Ela fornece uma dose saudável da energizante vitamina B para manter o corpo no ritmo. Rica em vitamina C, um anti-inflamatório, ela ajuda a recuperar os tecidos corporais muito exigidos. Também é rica em licopeno, um potente antioxidante que previne os danos celulares provocados pelos radicais livres liberados durante os exercícios. Diferentemente de muitas outras frutas, a melancia perde pouco de seu valor nutricional ao ser cortada; assim, as fatias podem ser mantidas na geladeira por dias.

DELÍCIA DE MELANCIA

4 laranjas lavadas
8 colheres (sopa) de iogurte
4 bananas fatiadas
250 g de melancia picada

Rale a casca de uma laranja e misture as raspas com o iogurte. Descasque e fatie as laranjas. Arranje as fatias de laranja e as rodelas de banana em 4 taças de sobremesa. Salpique com a melancia picada e regue com o iogurte. Sirva.

brotos de alfafa

Todos os tipos de brotos são nutritivos e energéticos, mas os pequeninos e delicados brotos de alfafa são superiores a muitos outros.

Repletos de nutrientes, os brotos fornecem um bom reforço energético para a prática de exercícios. A alfafa é um dos mais nutritivos, e contém um composto que inibe o crescimento de fungos, que costumam se desenvolver onde há suor. Os brotos de alfafa são uma fonte extraordinariamente concentrada de nutrientes. O conteúdo exato de outros brotos varia segundo o tipo de grão que originam, mas todos são nutritivos. Ricos em enzimas e fibras, são fáceis de digerir e são muito pouco calóricos.

NUTRIENTES
Vitaminas do complexo B, C, D, E, K; cálcio, ferro, potássio, zinco; fibras

SALADA DE BROTO

8 folhas de alface grandes
250 g de brotos de alfafa
4 talos de aipo picados
1 pepino grande em cubos
4 colheres (sopa) de vinagrete (p. 23)
4 colheres (sopa) de sementes ou castanhas

Distribua as folhas de alface entre quatro pratos. Lave bem os brotos e misture com o aipo e o pepino. Disponha sobre a alface, regue com o vinagrete e salpique com as sementes ou castanhas escolhidas. Sirva.

aipo

NUTRIENTES

Vitaminas B1, B2, B6, C, betacaroteno, ácido fólico; cálcio, ferro, magnésio, manganês, molibdênio, fósforo, potássio; fibras

SALADA DE AIPO E QUEIJO AZUL

1 colher (sopa) de suco de limão-siciliano
1 colher (sopa) de azeite de oliva
½ colher (chá) de sal
2 maçãs sem miolo picadas
2 talos de aipo picado
1 bulbo de erva-doce fatiado
55 g de queijo azul em cubos (como o gorgonzola)

Misture bem o suco de limão, o azeite e o sal. Regue sobre as maçãs, o aipo e a erva-doce e salpique com o queijo. Sirva a seguir, com pão de casca crocante.

Comer este vegetal crocante entre os exercícios combate os efeitos nocivos da ingestão excessiva de água.

Um talo de aipo é uma arma secreta para o esportista, pois é rico em nutrientes que mantêm os níveis de energia em alta. Ele é uma excelente fonte de vitamina C, que ajuda na recuperação de lesões esportivas, fortalecendo as membranas celulares. Tem também uma leve ação diurética, e como contém mais sódio que muitos outros vegetais (sem se aproximar de níveis nocivos), ajuda a prevenir o perigo do desequilíbrio mineral provocado pela excessiva ingestão de água durante a prática física.

Talos de aipo recheados com queijo fresco ou requeijão light são um ótimo lanchinho.

39

batata

Este legume tão popular é repleto de vitaminas e outros nutrientes energizantes.

Não subestime o valor da batata se pretende entrar em forma. Ela é rica em vitamina B6, que – entre outras funções essenciais – mobiliza os estoques de glicogênio do organismo e ajuda as proteínas a formar os músculos. É ainda repleta de carboidratos complexos a melhor forma de energia dos alimentos, que desempenham duas funções essenciais à boa forma: fornecendo energia de queima lenta, garantem a disposição para terminar os exercícios sem fraquejar e ajudam o corpo a manter a nova massa muscular. Como a casca contém muitos nutrientes, consuma a batata com ela.

NUTRIENTES

Vitaminas B6, C; cobre, manganês, potássio; fibras

BATATAS TUNISIANAS COM OVOS

4 ovos
450 g de batatas em cubos
suco de 1 limão-siciliano
2 colheres (sopa) de cominho
2 colheres (sopa) de azeite de oliva
½ colher (chá) de harissa (tempero marroquino)

Cozinhe os ovos por 10 min. Espere esfriar, descasque e pique. Ferva as batatas em água por 5-10 min, até ficarem macias. Escorra. Misture bem os demais ingredientes e espalhe sobre as batatas. Disponha-as sobre os ovos picados e sirva a seguir.

40

vagem

NUTRIENTES
Vitaminas B1, B2, B3, C, K, betacaroteno, ácido fólico; cálcio, cobre, ferro, magnésio, manganês, fósforo, potássio; fibras; ômega-3; proteínas

SALADA DE VAGEM

2 ovos (opcional)
200 g de batatas em cubos
150 g de vagens aparadas
suco de ½ limão-siciliano
1 colher (sopa) de azeite de oliva
pimenta-do-reino a gosto

Cozinhe as batatas em água por 5-10 min e escorra. Branqueie a vagem, mergulhando-a rapidamente em água fervente. Descasque e pique os ovos, se for usá-los, e misture bem com as batatas e as vagens. Misture o suco de limão ao azeite e regue sobre a salada. Tempere com pimenta e sirva.

Muito nutritiva, a vagem é indicada para todos os praticantes de exercícios.

Prefira vagens mais novas e frescas – as colhidas na hora são as melhores.

Todos os tipos de vagem e de leguminosas são ricos em nutrientes necessários para quem pratica esporte. Embora esses nutrientes guardem seu valor individual, quando um alimento contém um conjunto deles suas qualidades se multiplicam. A combinação encontrada na vagem ajuda a aumentar a disposição. A presença da vitamina K, por exemplo, auxilia a cicatrizar ferimentos, ação reforçada pela vitamina C, que fortalece as membranas celulares. As vitaminas B trabalham juntas para garantir o funcionamento dos nervos e manter a energia em alta.

Ferro, zinco e manganês

As vagens estão repletas de minerais essenciais: o manganês e o magnésio ajudam a formar e a fortalecer os ossos; o ferro é um nutriente vital, que pode ser deficiente em pessoas que evitam comer carnes gordurosas por questões de saúde; e o zinco ajuda a formar ossos fortes e acelera a recuperação de lesões musculares. A saúde cardiovascular é fundamental para qualquer programa de exercícios: você não só está protegendo o seu coração, mas também melhorando seu desempenho. Muitos dos nutrientes da vagem trabalham juntos para tornar os vasos sanguíneos fortes e flexíveis, e impedir a formação de depósitos de gordura. Isso permite ao sangue levar oxigênio e nutrientes a todo o corpo mais depressa, mantendo o pico de força e energia.

VAGENS CHINESAS

450 g de vagens cortadas ao meio no comprimento
1 colher (sopa) de óleo de amendoim ou girassol
1 dente de alho amassado
5 cm de gengibre picado
1 colher (sopa) de amendoim picado
1 colher (sopa) de shoyu

Cozinhe as vagens no vapor até ficarem tenras e reserve. Refogue o alho e o gengibre no óleo quente. Junte as vagens e o amendoim picado. Doure por 2-3 min para aquecer. Acrescente o shoyu e sirva a seguir.

espinafre

NUTRIENTES
Vitaminas B2, B3, B6, C, E, K, betacaroteno, ácido fólico; cálcio, cobre, magnésio, manganês, ferro, fósforo, potássio, selênio, zinco; fibras; ômega-3; proteínas; triptofano

OVOS À FLORENTINA

450 g de espinafre
½ colher (chá) de vinagre
4 ovos
4 colheres (sopa) de queijo ralado
pimenta-do-reino a gosto

Leve o espinafre numa panela bem tampada ao fogo brando e cozinhe por 2 min, até murchar. Ferva uma outra panela de água e junte o vinagre. Quebre os ovos com cuidado sobre a água e cozinhe por 3 min. Disponha o espinafre numa travessa e coloque os ovos por cima. Polvilhe com o queijo e leve ao forno para derreter. Tempere e sirva sobre torradas.

Comendo esta verdura poderosa, além de conseguir força, energia e resistência, você garante a boa forma.

A força do espinafre vem do fato de ele ser constituído de uma rica variedade de nutrientes que trabalham em conjunto. É excelente fonte de ferro, mas é igualmente rico em vitamina C, que ajuda o organismo a absorver melhor o ferro. O mesmo acontece com o cálcio, o magnésio e a vitamina K, e todos contribuem para formar e manter ossos fortes. É um mito pensar que a quantidade de oxalato impede a absorção de cálcio pelo corpo: ele contém bem mais cálcio do que o tanto a que os oxalatos conseguem se ligar. Apenas 2 colheres (sopa) de espinafre cozido contêm mais vitamina K do que a quantidade diária recomendada, e mais betacaroteno que o necessário.

feijão-preto

Não admira que o feijão tenha fama de alimento que dá substância e energia de sobra.

Quando se praticam exercícios com regularidade, é importante comer alimentos superprotéicos para ganhar massa muscular e preservá-la. E como os vegetarianos bem sabem, não precisa ser carne. O feijão é uma alternativa saudável, que fornece uma dose de proteína com pouca gordura. O feijão-preto é ainda mais rico em nutrientes, como o ferro, que estimula os níveis de energia, ajudando a oxigenar a musculatura. Também está repleto de fibras solúveis que estabilizam a glicemia e mantêm a disposição e a boa forma. A combinação feijão e arroz integral é uma opção vegetariana ideal para uma refeição rica em proteína.

NUTRIENTES
Vitamina B1, ácido fólico; ferro, magnésio, manganês, molibdênio, fósforo; fibras; proteínas

FEIJÃO-PRETO FÁCIL

2 batatas-doces picadas
2 colheres (sopa) de óleo de amendoim ou girassol
2 cebolas picadas
1 colher (chá) de cominho
4 dentes de alho amassados
2 pimentões em cubos
400 g de feijão-preto cozido

Cozinhe as batatas em água por 10-15 min. Escorra e reserve a água. Aqueça o óleo e refogue a cebola por 2-3 min. Junte o cominho e o alho, e refogue por mais 1 min. Acrescente os pimentões e cozinhe por mais 3 min. Adicione o feijão e 4 colheres (sopa) da água reservada. Deixe ferver e cozinhe em fogo baixo por 5 min, juntando a batata-doce no último minuto. Sirva.

43

lentilha

NUTRIENTES

Vitamina B1, ácido fólico; cobre, ferro, manganês, molibdênio, fósforo, potássio; fibras; proteínas

DHAL (RECEITA INDIANA)

1 colher (sopa) de óleo de amendoim ou girassol
1 colher (chá) de mostarda em grão
1 cebola grande picadinha
2 dentes de alho amassados
1 colher (chá) de cominho em pó
2,5 cm de gengibre picado
200 g de lentilha

Aqueça o óleo e doure a mostarda até pipocar. Junte a cebola, o alho, o cominho e o gengibre e refogue por 3-5 min, até a cebola murchar. Acrescente a lentilha, 3 xícaras (625 ml) de água e cozinhe por 30-40 min. Sirva acompanhado de pão ou arroz, ou conserve na geladeira durante a noite.

Repleta de minerais e carboidratos complexos, a lentilha dá força e resistência.

A lentilha estimula a circulação sanguínea, mantendo os músculos oxigenados durante o exercício.

É vital escolher bem o que comer antes de se exercitar. A lentilha fornece uma combinação perfeita de nutrientes para matar a fome e garantir a energia. Uma colher cheia de dhal (receita ao lado) no pão, por exemplo, sustenta sem pesar, sem provocar moleza ou causar indigestão. A lentilha é rica em carboidratos complexos, que são convertidos em glicose pelo organismo, fornecendo uma fonte equilibrada de energia. Ela também contém ferro, muita proteína e pouca gordura.

44

sementes de abóbora

Estas sementes nutritivas ajudam as articulações, o coração e a circulação a aguentar melhor o esforço físico.

NUTRIENTES
Vitamina K; cobre, ferro, magnésio, manganês, fósforo, zinco; ômega-3; proteínas

Praticar exercícios exige uma boa circulação, e as sementes de abóbora são ricas em um composto que pode ajudar. Bombear o sangue oxigenado rapidamente pelo corpo exerce pressão sobre as artérias, que precisam permanecer flexíveis e desobstruídas. As sementes de abóbora são uma das fontes naturais mais ricas de fitoesteróis, que diminuem o risco de as artérias se estreitarem devido ao colesterol. Além de serem fontes de muitos minerais, elas contêm ômega-3, que tem efeito anti-inflamatório, protege as articulações durante exercícios de alto impacto e estimula a recuperação de lesões decorrentes de práticas esportivas.

PESTO VEGANO

115 g/ ¾ de xícara de sementes de abóbora
4 dentes de alho
2 colheres (sopa) de azeite de oliva
um punhado grande de manjericão fresco
1 colher (chá) de pimenta-do--reino em pó

Bata as sementes, o alho e o óleo no processador. Acrescente mais óleo para espessar a textura. Junte o manjericão e bata. Misture a pimenta e use para temperar o macarrão cozido na hora.

45

germe de trigo

NUTRIENTES
Vitaminas B1, B6, E, ácido fólico; magnésio, manganês, zinco

Um punhado de granola fornece resistência e energia durante a caminhada.

GRANOLA

- **1 colher (sopa) de sementes de abóbora ou girassol**
- **1 colher (chá) de sementes de gergelim**
- **2 colheres (chá) de amêndoas**
- **1 colher (sopa) de germe de trigo**
- **1 colher (sopa) de uvas-passas**
- **1 colher (sopa) de damascos picados**

Misture todos os ingredientes. Consuma como lanche ou misturado ao cereal matinal.

Este cereal fornece os benefícios energéticos do grão integral sem provocar altos e baixos.

O germe de trigo é o coração do cereal e contém muitos dos mais valiosos nutrientes. É rico em poderosos antioxidantes chamados fenólicos, que protegem as células de danos provocados pelo exercício, e ainda contém cisteína, que ajuda a manter os pulmões limpos e no pico da atividade. Suas outras vitaminas e minerais dão mais energia e resistência. Pão e farinha integrais contêm germe de trigo, mas o pão branco, bolos e doces comuns não – é por isso que, ao ingeri-los, você tem um breve pico energético seguido de um declínio.

46

castanha-de-caju

Este petisco nutritivo repõe os estoques de mineral enquanto você queima gordura.

Não há nada melhor do que um punhado de castanhas para matar a fome ao se exercitar. A castanha-de-caju está repleta de minerais essenciais à prática física: o magnésio, que mantém os ossos fortes e combate a fadiga e as dores musculares; e o cobre, que não apenas dá energia e protege as articulações de lesões, como ainda ajuda o corpo a absorver bem o ferro. Você continua queimando calorias rapidamente depois de se exercitar, então prefira a castanha-de-caju em vez de um lanche não calórico. Ela é rica em gorduras monoinsaturadas, benéficas para a saúde do coração.

NUTRIENTES

Cobre, magnésio, fósforo; gorduras monoinsaturadas; triptofano

FRANGO COM CASTANHA-DE-CAJU

1 colher (sopa) de óleo
2 pimentas-malaguetas picadas
5 cm de gengibre ralado
450 g de frango marinado (p. 60) em cubos
2 cebolinhas picadas
2 colheres (chá) de vinagre
2 colheres (chá) de óleo de gergelim
2 colheres (sopa) cheias de castanhas-de-caju

Aqueça o óleo e refogue as pimentas e o gengibre. Junte o frango e doure por 2-3 min. Acrescente as cebolinhas, o vinagre e o óleo de gergelim e frite por 5 min. Passe para uma tigela. Toste as castanhas-de-caju por 1 min e salpique sobre o frango. Sirva com arroz.

47

frango

NUTRIENTES
Vitaminas B3, B6; fósforo, selênio; proteínas; triptofano

Esta carne popular é repleta de proteína magra e fornece vitaminas do complexo B para dar uma injeção de energia sustentável.

A carne magra é a melhor escolha para todos que se exercitam regularmente, e o frango orgânico, sem a pele, é uma das mais magras. Ele fornece uma dose saudável de proteína para formar e manter os ossos fortes, junto com uma dupla de vitaminas que maximizam seu valor energético. A niacina e a piridoxina, ou as vitaminas B3 e B6, trabalham juntas para potencializar a energia dos alimentos. Prefira sempre o frango orgânico, que já está fácil de encontrar e fornece todos os benefícios sem risco de intoxicação alimentar por bactérias ou por resíduos de medicamentos.

FRANGO MARINADO

3 colheres (sopa) de shoyu
3 colheres (sopa) de xerez ou vinho
1 colher (chá) de açúcar
2 dentes de alho amassados
450 g de peito de frango em cubos

Misture bem o shoyu, o vinho, o açúcar e o alho. Coloque o frango numa travessa, regue com o líquido da marinada, cubra e deixe na geladeira por 2 h.

48

queijo

Não deixe de consumir queijo: este alimento nutritivo contribui para a formação dos ossos e fortalece os músculos sem engordar.

Exercícios de musculação com pesos geram ossos fortes, mas também os colocam sob pressão, aumentando a necessidade do organismo por alimentos que os reforcem. Famoso por seu alto teor de cálcio, o queijo contém fósforo, que se combina ao cálcio para fortalecer os ossos. E é rico também em proteína, que dá resistência muscular. Considerado injustamente como alimento rico em gordura, há muitos tipos de queijo pouco calóricos e nutritivos à venda. E sendo um produto de origem animal, o orgânico é melhor.

Comer queijo aumenta a capacidade do organismo de queimar gordura após uma refeição.

NUTRIENTES
Cálcio, iodo, fósforo, selênio; proteínas

COELHO GALÊS

4 fatias de pão
1 colher (sopa) de óleo de amendoim ou girassol
150 g de queijo cheddar ralado
1 colher (sopa) de cerveja preta
½ colher (chá) de mostarda
pimenta-do-reino a gosto

Grelhe as fatias de pão. Aqueça o óleo numa panela; e coloque o queijo, a cerveja e a mostarda. Diminua o fogo e mexa até engrossar. Tempere com pimenta e coloque às colheradas sobre as torradas. Leve ao forno para gratinar. Sirva a seguir.

49

OVOS

NUTRIENTES
Vitaminas B2, B5, B12, D, K; iodo, molibdênio, fósforo, selênio; proteínas

Pequenas cápsulas de força e energia, os ovos são ricos em nutrientes que aumentarão seu desempenho ao se exercitar.

Fazer a refeição certa depois de se exercitar pode fazer toda a diferença. É o momento em que o organismo mais necessita dos alimentos para transformar seu esforço em músculos fortes e mais energia. Os ovos são uma fonte concentrada de aminoácidos que formam músculos e outros nutrientes que desenvolvem a musculatura. Além disso, são ricos em vitamina K, que ajuda na recuperação de traumas e pequenas lesões e atua assegurando que o sangue coagule normalmente, reduzindo o risco de formação de coágulos nas artérias.

OMELETE DE ALHO-PORÓ E PIMENTÃO

1 colher (sopa) de óleo
1 alho-poró picadinho
1 pimentão sem sementes em cubos
4 ovos
sal e pimenta a gosto

Aqueça o óleo e refogue o alho-poró por 2-3 min, até começar a amolecer. Junte o pimentão e cozinhe por mais 2 min. Retire os legumes com a escumadeira e reserve. Bata os ovos numa tigela e acrescente 2 colheres (sopa) de água fria. Tempere e despeje a mistura na panela. Junte os legumes e cozinhe por cerca de 5 min, até a omelete ficar firme.

suco de tomate

Esta bebida repõe vitaminas e minerais e é mais saudável que beber água em excesso.

O tomate está repleto de vitaminas e minerais, mas a mais famosa de suas propriedades regeneradoras é atribuída ao licopeno. Ao contrário de outros, o licopeno não é afetado durante o processamento dos alimentos, o que significa que os produtos industrializados à base de tomate conservam muitos dos benefícios da fruta fresca. Com uma latinha de suco de tomate você garante que seus minerais se mantenham em nível seguro ao correr. Uma corrida longa pode reduzir ameaçadoramente os níveis de minerais do organismo, em especial o do sódio – e mais ainda quando se bebe muita água. Uma porção de suco de tomate industrializado repõe os líquidos e o sódio.

SOPA FRIA DE TOMATE

8 tomates sem a pele picados
2 pepinos em cubos
4 xícaras de suco de tomate
2 pimentões sem sementes em cubos
2 dentes de alho amassados
1 colher (sopa) de vinagre de vinho tinto
1 colher (sopa) de azeite de oliva

Bata no liquidificador metade do tomate e do pepino, o suco, o pimentão, o alho e o vinagre. Junte o azeite e o restante do tomate e do pepino. Refrigere por 30 min e sirva.

NUTRIENTES

Vitaminas do complexo B, A, C, E, K, folato; cromo, cobre, ferro, magnésio, manganês, molibdênio, fósforo, potássio; fibras; licopeno; proteínas

grapefruit

NUTRIENTES
Vitamina C, betacaroteno, folato; potássio; fibras; liminoides

Um copo de suco de grapefruit diário pode reduzir expressivamente o risco de pedra nos rins.

Ingerir um grapefruit ao início de uma refeição pode ajudar a não ganhar peso.

Começar uma refeição com meio grapefruit é um velho truque para emagrecer que parece dar certo, segundo os cientistas. Em 2006, eles descobriram que essa simples mudança ajudou um grupo de voluntários realmente obesos a perder peso. Ao final, sua taxa de açúcar no sangue também ficou mais saudável. Outra evidência indica que o consumo de grapefruit pode equilibrar os níveis de insulina, conseguindo quebrar o terrível ciclo vicioso em que o ganho de peso leva ao diabetes, e o diabetes faz a pessoa engordar mais ainda. O grapefruit está repleto de flavonoides que recuperam as células e protegem o coração.

SALADA DE GRAPEFRUIT E FRANGO

2 grapefruits
4 colheres (sopa) de vinagrete de mel (p. 29)
350 g/2 xícaras de frango cozido picado
4 pimentões cortados em anéis

Rale a casca de um grapefruit e junte as raspas ao vinagrete. Regue sobre os pedaços de frango. Descasque e fatie os grapefruits, e disponha numa travessa alternados com os anéis de pimentão. E espalhe o frango por cima.

pera

Doce e substanciosa, a pera é rica em fibras que ajudam o corpo a eliminar o excesso de peso.

NUTRIENTES
Vitamina C; cobre; fibras

Solúveis ou insolúveis, as fibras satisfazem de maneira saudável. A pera é uma das poucas frutas que contêm uma grande quantidade de fibras insolúveis, o que lhe confere uma característica peculiar: combina doce e amargo. O gosto doce e o suco refrescante são uma atraente opção para substituir os doces e perder peso. Além disso, quando se está tentando emagrecer, as mudanças alimentares por vezes afetam o aparelho excretor. Quando se come menos que o habitual, a pera combate o intestino preguiçoso.

PERAS GRELHADAS

4 peras maduras sem miolo partidas ao meio
2 colheres (sopa) de groselhas ou framboesas
4 colheres (sopa) de suco de maçã

Grelhe as peras em forno baixo por cerca de 5 min. Vire na metade do tempo. Salpique as groselhas e regue com o suco de maçã. Sirva a seguir.

53

melão-cantalupo

NUTRIENTES
Vitaminas B3, B6, C, betacaroteno, ácido fólico; potássio; fibras

Uma fatia de dar água na boca desta gostosura nutritiva repõe os níveis de antioxidantes.

A textura encorpada deste perfumado melão faz dele um bom candidato para substituir os alimentos eliminados da dieta. É próprio para os lanches da manhã e da tarde, pois é pouquíssimo calórico e tem mais valor nutritivo que um prato cheio de guloseimas. Uma única fatia de melão fornece mais vitamina C e betacaroteno que o seu organismo consegue usar em um dia. Essa variedade de melão perde parte de seu conteúdo de vitamina C rapidamente depois de cortada; logo, corte apenas as fatias que irá consumir.

MELÃO COM GENGIBRE

2 melões-cantalupo pequenos
2 colheres (chá) de suco de limão
2,5 cm de gengibre ralado
2 colheres (chá) de canela em pó
4 colheres (sopa) de cerejas (opcional)

Corte os melões em quartos e retire a casca e as sementes. Fatie ou faça bolinhas com o boleador. Junte o suco de limão e o gengibre e misture bem. Polvilhe com canela e, se quiser, finalize com as cerejas. Sirva.

54

morango

Esta fruta popular e deliciosa é um verdadeiro tesouro nutritivo para combater as gordurinhas.

O morango é o tipo de fruta que as pessoas comem por prazer, e não pensando nos benefícios para a saúde. E surpreende saber que é repleto de nutrientes que ajudam a controlar o peso, entre outras tantas funções saudáveis. Seu estoque extraordinariamente grande de vitaminas e minerais mantém os níveis de energia elevados, diminuindo o desejo de beliscar. Essa frutinha gostosa, bonita e fácil de comer é uma ótima substituição para doces e guloseimas. E, com mais fibras insolúveis do que muitas outras frutas, o morango sacia por mais tempo.

Uma pitada de pimenta acentua o frescor do morango.

NUTRIENTES

Vitaminas B2, B5, B6, C, K, ácido fólico; cobre, magnésio, manganês, iodo, potássio; antocianidinas; flavonoides; fibras; ômega-3; ácido elágico

DELÍCIA DE MORANGO

4 mexericas
350 g de morango sem as folhas
175 g de uvas
115 g de amêndoas em lâminas
2 colheres (sopa) de suco de laranja (opcional)

Separe as mexericas em gomos e coloque-os em uma travessa, junto com os morangos, as uvas e as amêndoas. Se desejar, regue com o suco de laranja e mexa bem. Sirva.

abobrinha

NUTRIENTES
Vitaminas B1, B2, B6, C, K, betacaroteno, ácido fólico; cobre, magnésio, manganês, fósforo, potássio; fibras

RATATOUILLE

2 berinjelas em pedaços grandes
2 colheres (sopa) de azeite de oliva
2 cebolas picadas
3 dentes de alho amassados
4 abobrinhas picadas
800 g de tomates picados

Salgue as berinjelas. Deixe-as descansar por 30 min, então lave-as e seque-as. Numa panela, aqueça o azeite e refogue as cebolas e as berinjelas por 5 min. Junte os demais ingredientes e deixe ferver. Diminua o fogo e cozinhe por mais 10 min, até as abobrinhas ficarem cozidas. Sirva.

Este legume energizante deixa a salada mais substanciosa e equilibra a glicemia.

A abobrinha repõe boa parte do betacaroteno eliminado pelo fumo e pelo álcool.

As inúmeras vitaminas e minerais da abobrinha ajudam a manter os níveis de energia elevados nos períodos de jejum. Especialmente rica em manganês, ajuda a regular os níveis de açúcar no sangue. Os alimentos refinados e os doces elevam bruscamente a glicemia, oferecendo um pico de energia seguido de declínio. A abobrinha é farta em fibras, que retardam a fome. Ela pode ser cozida de diversas maneiras ou consumida crua, em saladas ou como petisco.

56

ervilha

Este vegetal popular são bolinhas nutritivas de energia repletas de fibras que mantêm a fome longe.

Não importa a variedade, a ervilha contém todos os tipos de nutrientes. É excepcionalmente rica em fibras, uma das ferramentas mais importantes na luta para controlar o peso. Estudos clínicos revelam que quanto maior a ingestão de fibras, menos se engorda e mais rápido se perde peso. Diminuindo a velocidade em que os alimentos se movem no estômago, ajuda a manter as concentrações de açúcar e a insulina equilibradas, e também afeta os hormônios do intestino que controlam o apetite. A ervilha é rica em fibras solúveis e insolúveis, que dão a sensação de saciedade e mantêm o sistema digestório saudável.

NUTRIENTES

Vitaminas do complexo B, C, K, betacaroteno, ácido fólico; cobre, ferro, magnésio, manganês, fósforo, potássio, zinco; fibras; proteínas

ERVILHA COM HORTELÃ E LARANJA

175 g de ervilhas congeladas
1 colher (chá) de raspas de laranja
1 colher (sopa) de suco de laranja
1 colher (sopa) de folhas de hortelã picadas
sal e pimenta a gosto

Ferva uma panela de água e acrescente as ervilhas e as raspas da laranja. Cozinhe por 3 min, até ficarem macias. Escorra, junte o suco de laranja e aqueça levemente. Misture a hortelã, tempere e sirva.

57

alho

NUTRIENTES
Vitaminas B1, B6, C; cálcio, cobre, ferro, manganês, fósforo, potássio, selênio; proteínas

SOPA DE ALHO

2 colheres (sopa) de azeite de oliva
4 dentes de alho amassados
2 xícaras de farinha de rosca
1 litro de caldo de legumes
4 ovos (opcional)

Refogue o alho no azeite, em fogo brando, por 30 seg. Acrescente a farinha de rosca e continue mexendo por mais 1 min. Junte o caldo e deixe ferver por 10 min. Se desejar, quebre os ovos e jogue um a um na sopa. Deixe que cozinhem por cerca de 3 min. Sirva acompanhada de pão.

Ajudar a manter o peso é apenas uma das muitas qualidades funcionais deste bulbo.

O alho é famoso por seu cheiro e sabor acentuados, mas seu efeito protetor é ainda mais intenso, variando do combate ao câncer ao estímulo para perder peso. Sua propriedade mais poderosa se deve a um rico estoque de compostos que contêm enxofre, responsável por seu odor característico.

Depois de amassar, espere 10 min para cozinhar o alho. Isso potencializa suas propriedades nutricionais.

Ajuda para emagrecer

Descobriu-se que a alicina, um componente do alho, ajuda a perder peso, mesmo se ocorrerem mudanças na dieta. Ao mesmo tempo, reduz os níveis de insulina no sangue e o risco de problemas relacionados ao peso, como o diabetes. O alho não apenas evita que a gordura se instale em seus quadris e coxas, mas impede a formação de depósitos em suas artérias, que gradualmente se endureceriam, dificultando a circulação do sangue. Quando se está tentando emagrecer, em geral se adota uma dieta com mais proteínas e se faz mais exercícios. E ambos podem desencadear uma resposta inflamatória no organismo, aumentando a suscetibilidade a doenças. Portanto, acrescente um dente de alho à sua dieta, pois ele tem ação anti-inflamatória.

Experimente a diferença

O alho deixa as refeições menos calóricas mais gostosas, conferindo mais sabor, virtualmente sem agregar calorias. Ao mesmo tempo protege o coração, reduz a hipertensão, combate inúmeros tipos de câncer e toda sorte de infecções.

COGUMELOS AO ALHO

2 colheres (sopa) de azeite de oliva
4 dentes de alho amassados
450 g de cogumelos
4 fatias de pão integral (opcional)

Aqueça o azeite e junte o alho à panela. Junte os cogumelos e tampe bem. Cozinhe em fogo brando por cerca de 8 min, mexendo de vez em quando, até os cogumelos ficarem macios. Se preferir, sirva os cogumelos sobre uma torrada de pão integral.

58

rúcula

NUTRIENTES

Vitaminas do complexo B, C, K, betacaroteno, ácido fólico; cálcio, ferro, magnésio, manganês, fósforo, potássio, zinco; fibras

SALADA TRÊS SABORES

12 folhas de alface crespa
115 g de rúcula
115 g de folhas de chicória
1 colher (sopa) de azeite de oliva
1 colher (sopa) de vinagre

Pique as folhas de alface e misture com a rúcula e a chicória. Misture o azeite e o vinagre e tempere a salada pouco antes de servir.

Esta verdura delicada e decorativa é um dos ingredientes mais nutritivos para salada.

A salada é um prato ideal, de baixa caloria, não apenas pelos ingredientes crus estimularem o organismo, mas porque eles requerem mastigação mais lenta. Quando mastigamos bem o alimento, ingerimos menos quantidade e nos sentimos saciados. O sabor picante da rúcula dá vida a uma salada de folhas. Suas vitaminas e minerais trabalham juntos para preservar a saúde dos ossos – uma preocupação quando se reduz o consumo de laticínios, ricos em cálcio, para emagrecer.

Uma porção de rúcula fornece mais do que a necessidade diária de vitamina K, que estimula a formação dos ossos.

59

pimenta vermelha

Como elevam a temperatura, estas pimentas ardidas ajudam a queimar quilinhos indesejados.

Alguns especialistas dizem que as pimentas aumentam a capacidade do organismo de queimar gorduras por cerca de 20 minutos após a refeição. Outros afirmam que o gosto picante nos faz comer mais lentamente, ou que o sabor enriquecido faz que os alimentos saciem mais. Seja qual for a razão, adicionar essas pimentas picantes aos seus pratos no dia-a-dia parece ajudar a controlar o peso. Além disso, amenizam a indigestão e eliminam as bactérias que provocam úlcera estomacal. Mas lembre-se: o consumo exagerado pode levar ao câncer de estômago.

NUTRIENTES
Vitamina C, betacaroteno; ferro, potássio; fibras

RELISH DE PIMENTA GRELHADA

200 g de pimentas vermelhas frescas sem sementes
1 colher (sopa) de azeite de oliva
4 dentes de alho amassados
1 pepino picadinho

Grelhe as pimentas por 4-5 min, até a pele formar bolhas. Coloque-as numa embalagem hermética por 10 min, para o vapor continuar a agir. Esfregue para retirar toda a pele. Pique bem as pimentas e misture aos demais ingredientes. Conserve na geladeira por até 2 semanas. Use com moderação.

amêndoa

NUTRIENTES
Vitaminas B2, E; cobre, magnésio, manganês, fósforo; proteínas

Opção perfeita para substituir petiscos sem nutrientes, as amêndoas garantem energia por mais tempo.

Perder peso comendo amêndoa pode soar estranho, já que ela contém bastante gordura. Mas ao colocar dois grupos de indivíduos em dietas de baixa caloria, uma delas incluindo amêndoas, cientistas constataram que o grupo que as consumiu perdeu 50% mais peso e gorduras que o outro. A amêndoa é rica em gordura monoinsaturada, que sacia por mais tempo; e seu alto conteúdo de fibras ajuda a equilibrar a glicemia e prevenir os acessos de fome. Uma dúzia de amêndoas contém somente 90 calorias e muitas proteínas e nutrientes que, combinados, elevam os níveis de energia.

MOLHO DE AMÊNDOA

2 colheres (sopa) de amêndoas
2 tomates picados
2 cebolas roxas em cubinhos
2 colheres (sopa) de cebolinha verde picada
1 colher (sopa) de salsinha picada
2 colheres (chá) de vinagre

Toste ligeiramente as amêndoas numa frigideira. Misture bem os tomates, a cebola, a cebolinha e o vinagre numa tigela. Junte as amêndoas e sirva.

61

centeio

Rico em fibras e com baixo IG, este cereal ajuda a emagrecer e combate a retenção de líquidos.

Cereais integrais têm um papel importante na perda de peso. Repletos de fibras solúveis, possuem baixo índice glicêmico (IG), ou seja, liberam açúcar no sangue lentamente, enquanto as versões não integrais têm pouco valor nutricional e provocam um pico de energia, seguido de queda brusca. Há muito se considera que os alimentos com baixo IG são benéficos à saúde, mas ainda não está comprovado que ajudam a eliminar a gordura, mesmo ao ingerir o mesmo número de calorias que uma dieta com alto IG. O centeio é um dos cereais com menor IG e é rico em compostos que se ligam à água nos alimentos, prevenindo a formação de gases.

NUTRIENTES
Magnésio, fósforo, selênio; ligninas; fibras; proteínas

QUEIJO COTTAGE NO CENTEIO

8 fatias de pão de centeio
8 colheres (sopa) de queijo cottage
1 colher (chá) de capim-limão picado
4 tomates picados
4 pepinos fatiados

Toste o pão. Misture bem o queijo cottage e o capim-limão. Disponha sobre a torrada e cubra com os tomates e os pepinos. Sirva a seguir.

62

tofu

NUTRIENTES
Cálcio, cobre, ferro, magnésio, manganês, fósforo, potássio; fibras; ômega-3; proteínas; triptofano

ESPETINHOS DE TOFU

4 colheres (sopa) de shoyu
1 colher (sopa) de óleo de gergelim
1 colher (sopa) de suco de maçã
uma pitada de pimenta em pó
450 g de tofu firme em cubos
4 pimentões sem sementes em pedaços

Misture bem o shoyu, o óleo de gergelim, o suco de maçã e a pimenta. Use a mistura para marinar o tofu por ao menos 1 h. Prepare os espetos intercalando o tofu e os pimentões. Asse ou grelhe por 5-10 min, regando com a marinada a todo instante, até corar. Sirva em seguida.

O versátil grão de soja protege os órgãos enquanto afina a silhueta.

Mais conhecido por seu impacto benéfico sobre os hormônios femininos, o tofu, ou queijo de soja, pode ainda ajudar homens e mulheres a manter o peso ideal. É preparado a partir de grãos de soja fermentados. Entre os muitos componentes funcionais da soja, está a isoflavona, chamada genisteína, que aparentemente promove a eliminação de gordura, reduzindo o tamanho e o número de células de gordura. Mulheres que usam a soja no tratamento coadjuvante dos sintomas do climatério constataram que ela também inibe o ganho de peso, especialmente no abdome – um efeito dos níveis de hormônio depois do término do ciclo menstrual.

VITAMINA DE TOFU

200 g de tofu
8 colheres (sopa) de suco de laranja
8 colheres (sopa) de polpa de manga
4 maçãs picadas
4 colheres (sopa) de nozes picadas

Coloque todos os ingredientes exceto 1 colher (sopa) de nozes no liquidificador. Processe em velocidade baixa até que se misturem. Aumente a velocidade até obter um mistura homogênea. Despeje em copos e salpique com as nozes reservadas. Sirva.

Na medida certa

A soja reduz o risco de muitas doenças: câncer, doenças do coração, osteoporose e diabetes, mas sua ação poderosa sobre os hormônios pode estimular cânceres hormônio-dependentes e problemas da tireoide, portanto evite o consumo exagerado. Alimentos asiáticos tradicionais como tofu, missô e natto são as alternativas mais saudáveis, pois os efeitos a longo prazo dos produtos mais recentes são desconhecidos.

Os efeitos saudáveis da soja são mais sentidos no tofu do que em outros de seus derivados.

atum

NUTRIENTES
Vitaminas B1, B3, B6; magnésio, fósforo, potássio, selênio; ômega-3; proteínas; triptofano

ATUM ASSADO

4 postas de atum fresco
pimenta-do-reino a gosto
3 colheres (sopa) de azeite de oliva
2 cebolas picadas
8 colheres (sopa) de vinho branco seco
4 tomates picados

Preaqueça o forno a 220°C. Coloque o atum numa assadeira e tempere com a pimenta e 1 colher (sopa) de azeite. Refogue as cebolas por 3-5 min no restante do azeite. Junte o vinho e os tomates, e deixe ferver. Despeje sobre o atum e asse por 15 min, até cozinhar totalmente. Sirva.

Este é um alimento rico em proteína e pobre em gordura com um ingrediente secreto que auxilia no controle do peso.

Fontes populares de proteína, como produtos à base de carne e queijos em geral, são gordurosas. Contudo, o alto teor de gordura mantém o pique de energia por mais tempo, adiando o desejo de beliscar. O atum é uma opção de baixa caloria excelente. É a mais rica fonte de proteína, superando inclusive a carne mais saudável. As variedades mais conhecidas são a albacora (*Thunnus albacares*) e o atum (*Thunnus atlanticus*), que se encontram na costa brasileira. O atum fresco é rico em ômega-3, que, entre outras coisas, estimula a produção da lepetina, hormônio que controla o apetite.

64

queijo cottage

Rico em proteína e cálcio, oferece tudo o que se espera de um laticínio, menos a gordura.

Os laticínios muitas vezes são evitados por se acreditar que contenham gordura saturada, mas, na verdade, auxiliam o emagrecimento. Alguns estudos mostraram que uma dieta rica em cálcio reduz a absorção de gorduras pelo organismo, fazendo possivelmente com que seja queimada mais rápido. Uma porção de 100 g de queijo cottage light contém mais de 60 mg de cálcio por cada 4 gramas de gordura (queijo duros contêm mais cálcio, mas até um terço de seu peso é gordura). O queijo cottage também é rico em proteína e minerais que estimulam a formação dos ossos.

NUTRIENTES
Vitaminas B2, B12; cálcio, iodo, fósforo, selênio; proteínas

SALADA DE LEGUMES E QUEIJO COTTAGE

175 g de vagens picadas
4 abobrinhas pequenas raladas
1 colher (sopa) de suco de limão-siciliano
350 g de queijo cottage
4 colheres (sopa) de sementes de girassol

Cozinhe as vagens no vapor por 5 min até ficarem tenras. Misture com a abobrinha e o suco de limão. Distribua o queijo cottage por cima e salpique com as sementes de girassol. Sirva.

Corte calorias substituindo a maionese por queijo cottage temperado com pimenta.

vinagre de maçã

Com o vinagre de maçã os pratos saciam mais, mantendo a fome afastada por mais tempo.

NUTRIENTES
Vitamina C; manganês, potássio; ácido acético; pectina

Estudos indicam que algumas gotinhas de vinagre antes ou durante as refeições ajudam a emagrecer. O vinagre de maçã, rico em nutrientes, tem um benefício extra: auxilia a digestão, que modifica quando mudamos a dieta, podendo desencadear a sensação de fome, mesmo tendo acabado de se alimentar. O ácido acético contido no vinagre antecipa e prolonga a saciedade porque reduz o índice glicêmico (IG) dos alimentos ingeridos. Os alimentos com IG alto (incluindo os produtos altamente processados), passam rapidamente pelo organismo, antecipando o desejo por mais. O vinagre reduz o IG e prolonga o tempo que os alimentos passam no estômago. Além disso, reduz a probabilidade de uma queda de energia no meio da tarde, responsável pelo desejo de lanchar.

MOLHO CREMOSO PARA SALADA

2 colheres (sopa) de vinagre de maçã
2 colheres (chá) de suco de maçã
4 colheres (sopa) de iogurte desnatado
1 dente de alho amassado
1 colher (chá) de tomilho picado

Coloque todos os ingredientes numa tigela e misture bem. Leve para gelar e use para temperar sua salada preferida.

69

chá verde

Esta bebida saudável ajuda a perder peso e previne uma série de doenças.

NUTRIENTES
Uma ampla gama de polifenóis

Evite o chá verde no início da gestação, pois aumenta o risco de malformação congênita (espinha bífida).

Poucos alimentos animam mais os cientistas do que o chá verde, com sua impressionante gama de propriedades funcionais. Além disso, ele tem um duplo papel na manutenção da boa forma: primeiro, aumentando a resistência física durante os exercícios e, em segundo lugar, inibindo a ação de enzimas que ajudam a transformar os alimentos em gordura, especialmente na barriga, onde o acúmulo de gordura aumenta a propensão a cardiopatias e diabetes. É possível desfrutar seus benefícios consumindo 3-4 xícaras por dia. Use água fervente para otimizar seus benefícios, ou água um pouco mais fria para diminuir o amargor.

REFRESCO DE CHÁ VERDE

6 colheres (chá) de folhas de chá verde
500 ml de suco de maçã ou pêssego
4 colheres (chá) de mel (opcional)

Despeje 250 ml de água fervente sobre as folhas de chá. Deixe em infusão por 3-5 min, coe e deixe esfriar. Misture o suco e o mel, e sirva em copos com gelo.

79

damasco

NUTRIENTES
Vitaminas A, C; carotenoides; fibras; potássio; triptofano

DELÍCIA DE DAMASCO E RICOTA

4 colheres (sopa) de ricota
2 colheres (chá) de mel
8 damascos maduros em metades
8 amêndoas partidas ao meio

Misture a ricota com o mel e recheie os damascos. Espete as amêndoas cortadas ao meio no recheio e sirva.

A vida é bela: esta fruta suculenta é gostosa e estimula o bem-estar.

Fresco ou seco, o damasco é rico no aminoácido triptofano, convertido pelo organismo em serotonina, que estimula o bem-estar. Essa substância cerebral melhora o humor, a sensação de otimismo e a autoestima, contribuindo inclusive para controlar o comportamento impulsivo, além de melhorar o sono. Se necessário, alguns dos triptofanos também são convertidos em niacina, ou vitamina B3, cuja deficiência pode causar letargia. Assim, o consumo de damasco ajuda a manter a energia elevada.

89

banana

Um dos alimentos mais apreciados, a banana aumenta a disposição sem o efeito posterior das guloseimas, que estimulam a comilança.

A banana está entre as frutas preferidas de bebês, crianças e adultos e dá uma sensação de acalento e nutrição. Rica em carboidratos bons, é ideal quando se busca conforto num alimento, pois é deliciosa e repleta de nutrientes que acalmam e dão bom humor. Excelente fonte de vitamina B6, as bananas amenizam o cansaço e os sintomas pré-menstruais. Além disso, contêm potássio, que diminui a irritação, e triptofano, que combate a depressão e promove um sono saudável.

NUTRIENTES

Vitaminas B6, C; manganês; potássio; fibras; triptofano

BANANAS GRELHADAS

4 bananas
4 colheres (chá) de suco de limão-siciliano
2 colheres (chá) de canela
2 colheres (sopa) de amêndoas

Descasque e corte as bananas ao meio, no sentido do comprimento, e coloque-as numa assadeira untada. Regue com o suco de limão e polvilhe por cima a canela. Leve ao forno para grelhar até começarem a corar. Salpique com amêndoas e sirva.

69

aspargo

NUTRIENTES
Vitaminas A, complexo B, C, K, ácido fólico; cobre, manganês, fósforo, potássio; fibras proteínas

Estas setas pontiagudas são armas potentes contra a letargia e o desânimo.

Levante o ânimo de forma natural comendo aspargo, que, além de delicioso, fornece inúmeros minerais e vitaminas, incluindo várias do complexo B, essenciais para garantir o bom funcionamento do cérebro e do sistema nervoso. A carência de um deles pode gerar cansaço, depressão, ansiedade ou a sensação de opressão. Isso pode ocorrer facilmente se a sua dieta não incluir uma ampla gama de alimentos saudáveis. As vitaminas B trabalham melhor em conjunto do que separadamente para manter a energia em alta e estimular o bem-estar mental e emocional.

ASPARGOS COM MEL E ALHO

450 g de aspargos
1 colher (chá) de mostarda
2 colheres (sopa) de mel
2 dentes de alho amassados
½ colher (chá) de folhas de tomilho picadas

Cozinhe os aspargos no vapor por 5 min, até ficarem macios. Escorra e disponha em uma travessa. Misture bem a mostarda, o mel, o alho e o tomilho e espalhe sobre os aspargos. Sirva a seguir.

abacate

Esta fruta cremosa fornece gorduras saudáveis, que elevam os níveis de serotonina e estimulam a felicidade.

Uma dieta pobre em gorduras pode provocar o desânimo. Cientistas concluíram que as pessoas ficam mais relaxadas depois de uma refeição rica em gorduras, e podem até sentir menos dor. O corpo necessita de um pouco de gordura para absorver os nutrientes que podem melhorar o humor, como a vitamina E. Não admira que as pessoas consumam guloseimas quando se sentem deprimidas. O abacate é uma alternativa mais saudável: em lugar de gordura saturada, fornece gordura saudável monoinsaturada. É rico em triptofano, além de vitamina B6 e ácido fólico, que ajudam o corpo a converter o triptofano em serotonina, o hormônio do bem-estar.

NUTRIENTES

Vitaminas B6, C, K, ácido fólico; cobre, potássio; carotenoides; fibras; gorduras monoinsaturadas; triptofano

PASTA DE ABACATE

4 abacates maduros
2 colheres (chá) de páprica
2 colheres (chá) de suco de limão-siciliano
4 fatias de torradas integrais

Retire a polpa do abacate e amasse com um garfo. Acrescente a páprica e o suco de limão e misture bem. Sirva sobre as torradas.

71

algas marinhas

NUTRIENTES
Vitaminas B2, B5, K, ácido fólico; cálcio, iodo, ferro, magnésio; ligninas

Este verdadeiro presente do oceano ajuda a aliviar o estresse e a prevenir a insônia, estimulando o sono tranquilo.

Experimente diferentes variedades de algas marinhas, como nori, wakame, dulse e outras.

As algas marinhas, mais conhecidas na culinária japonesa, contêm uma incomparável variedade de nutrientes que estimulam a saúde emocional e deixam o cérebro alerta. Elas contêm uma ampla gama de minerais: o magnésio ajuda a aliviar os sintomas relacionados ao estresse, como palpitações; o cálcio ajuda a estabilizar o humor; e o ferro fornece energia, principalmente em casos de anemia em mulheres jovens. A grande variedade de algas marinhas disponíveis é rica em iodo, que melhora o funcionamento da tireoide. Um leve hipotireoidismo, bastante comum, em especial entre mulheres jovens, costuma provocar depressão e letargia antes que outros sinais levem ao diagnóstico.

Ajudando os hormônios

A alga marinha está entre os alimentos tidos como responsáveis pelo fato de as mulheres japonesas manterem boa disposição durante os ciclos da vida. Ela contém também fitonutrientes, as

BOLINHOS DE NORI

450 g de nori reidratada cozida
225 g de aveia em flocos
1 colher (chá) de pimenta-do--reino em pó
3 colheres (sopa) de óleo
450 g de cogumelos portobelo

Misture bem a nori, a aveia e a pimenta em uma tigela. Modele, à mão, 12 bolas da massa, pressionando para achatar e formar os bolinhos. Aqueça 2 colheres (sopa) do óleo e frite os bolinhos por 2-3 min. Pincele os cogumelos com o óleo restante e grelhe. Sirva junto.

ligninas, que trabalham como uma espécie de terapia de reposição hormonal leve. Consumidas regularmente, ajudam a diminuir sintomas ocasionados pelo estresse trazido pela menopausa, como os fogachos. Os nutrientes encontrados nas algas marinhas podem também ajudar a aliviar a falta de sono. Os efeitos calmantes de magnésio, em particular, podem combater a insônia. Junto com o cálcio, pode prevenir câimbras e dores nas pernas que incomodam o sono de muitas mulheres após a menopausa.

SOPA DE MISSÔ

4 colheres (sopa) de alga dulse picada
2 colheres (sopa) de wakame
2,5 cm de gengibre ralado
115 g de tofu em cubos
3 colheres (sopa) de missô

Coloque as algas, o gengibre e o tofu em uma panela com 1,2 litro de água. Deixe ferver por 5 min. Junte o missô, deixe aquecer por 2 min e sirva.

72

batata-doce

NUTRIENTES
Vitaminas B6, C, betacaroteno; cobre, ferro, potássio; fibras

BATATAS-DOCES ASSADAS

4 batatas-doces com a casca
225 g de queijo cottage
2 colheres (sopa) de cebolinha verde picada
2 colheres (chá) de coentro picado
2 colheres (chá) de páprica
sal e pimenta a gosto

Faça 4 furos nas batatas. Asse-as por 1 h em forno a 200°C, até ficarem macias. Misture bem os demais ingredientes. Corte ao meio, retire cuidadosamente a polpa das batatas e misture com os demais ingredientes. Recheie as cascas com a mistura. Tempere a gosto e sirva a seguir.

Quando bate o desânimo e uma vontade irresistível de comer algo doce, ela melhora o humor.

Como pode algo que fornece tanto conforto, tanta doçura e tantos carboidratos fazer bem? É simples, basta ser batata-doce. Além de animar, ela é repleta de nutrientes que ajudam a elevar o espírito. É rica em ferro, que ajuda a repor, principalmente em mulheres no período menstrual; e tem muita vitamina B6, um nutriente indispensável que ameniza a tensão pré-menstrual e o desejo por determinados alimentos, além de colaborar para reduzir a depressão. Por fim, mantém a glicemia equilibrada, ajudando a inibir as alterações de humor.

73

canela

Esta especiaria revitalizante estimula as habilidades cognitivas e combate as alterações de humor.

Segundo cientistas, a canela tem um surpreendente efeito sobre o cérebro e o humor. Seu inconfundível aroma atua diretamente no cérebro, estimulando o estado de alerta. Constatou-se que ajuda os estudantes a se concentrarem melhor em exames, e que contribui para retardar o declínio cognitivo na velhice. Por meio de processos diferentes, a canela auxilia na inibição dos distúrbios de humor provocados pela instabilidade da glicemia. E menos que o equivalente a uma colher de chá por dia é suficiente para ajudar a controlar o diabetes.

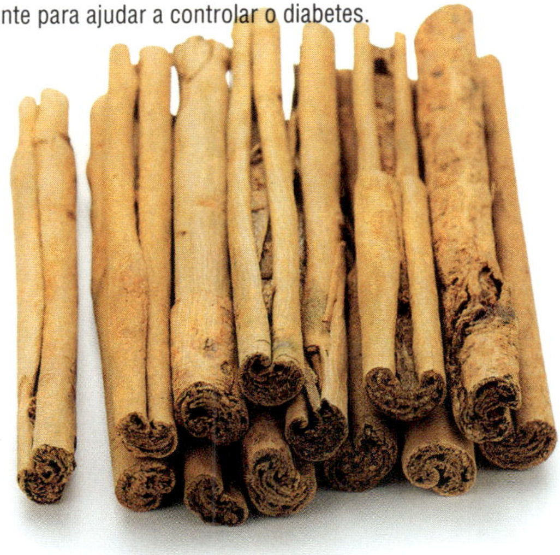

NUTRIENTES

Cálcio, ferro, manganês; fibras

FRUTAS PERFUMADAS

250 ml de vinho branco
raspas e suco de ½ limão--siciliano
2 colheres (sopa) de canela
4 peras sem a casca picadas
8 damascos frescos picados
4 colheres (sopa) de frutas secas picadas a sua escolha

Coloque o vinho, o suco e as raspas de limão, e a canela numa caçarola, e deixe ferver. Acrescente as frutas e espere ferver novamente. Diminua o fogo e cozinhe por 2 min. Deixe descansar por no mínimo 10 min. Sirva acompanhadas de iogurte, ricota ou sorvete.

74

alecrim

NUTRIENTES
Cálcio, ferro, manganês; bioflavonoides; fibras

O alecrim é pouco lembrado, mas seu aroma marcante ajuda a aguçar a memória.

O alecrim tradicionalmente é lembrado por sua capacidade de estimular a memória, e não se trata de mito: esta erva pode ajudar a combater a tendência ao esquecimento. Um composto chamado ácido rosmarínico melhora a circulação sanguínea, aumentando o fluxo de sangue rico em oxigênio para o cérebro, facilitando as funções cerebrais de todo tipo e estimulando a concentração e a atenção. Ao trabalhar ou estudar em uma sala com aroma de alecrim, as pessoas melhoram seu desempenho em testes de memória e ficam mais alertas, relaxadas e felizes.

BATATAS AO ALECRIM

450 g de batatas em pedaços
2 colheres (sopa) de óleo de amendoim ou girassol
1 dente de alho amassado (opcional)
pimenta-do-reino a gosto
1 colher (sopa) de alecrim fresco picado

Cozinhe a batata em água por 10 min, até amolecer. Refogue o alho e as batatas no óleo quente, até dourarem. Junte a pimenta e o alecrim no último minuto do cozimento e sirva a seguir.

75

sálvia

Esta erva aromática tem propriedades para manter a mente alerta e renovar a energia.

A sálvia estimula a mente e o humor de diversas maneiras. Essa é a conclusão de pesquisas para aumentar o poder do cérebro, em especial a memória de curto prazo, como em testes para lembrar nomes. Ela apresenta compostos semelhantes a drogas usadas para combater a formação de placas no cérebro, e investiga-se se ela pode ajudar a conter o avanço do mal de Alzheimer.

A sálvia pode ainda amenizar os sintomas do climatério. Prevenindo os fogachos e os suores noturnos, ela melhora a qualidade do sono.

Deixe as saladas mais nutritivas salpicando-as com um punhado grande de folhas de sálvia picadas.

NUTRIENTES
Cálcio, ferro; polifenóis

SOPA DE ABÓBORA-MENINA COM SÁLVIA

450 g de abóbora-menina picada
500 ml/2 xícaras de caldo
1 colher (sopa) de óleo
2 cebolas picadas
4 colheres (sopa) de folhas de sálvia picadas
pimenta-do-reino a gosto

Cozinhe a abóbora em água por 10 min, até amolecer. Bata no liquidificador junto com o caldo, até ficar uniforme. Aqueça o óleo numa caçarola. Refogue as cebolas por 3 min e junte metade da sálvia, no último minuto. Adicione a abóbora batida e deixe ferver. Cozinhe por mais 10 min, misture a pimenta e o restante da sálvia, e sirva.

97

feijão

NUTRIENTES
Vitaminas B1, K, ácido fólico; cobre, ferro, magnésio, manganês, molibdênio, fósforo, potássio; fibras; proteínas

FEIJÃO PICANTE

1 colher (sopa) de óleo de amendoim ou girassol
2 cebolas picadas
1 pimenta fresca picada
225 g de carne magra moída (opcional)
400 g de feijão cozido e escorrido
400 g de tomates picados

Refogue as cebolas por 2-3 min. Junte a pimenta e refogue ligeiramente. Acrescente a carne moída e cozinhe até corar. Junte o feijão e o tomate e deixe ferver. Diminua o fogo e cozinhe por mais 10 min. Sirva acompanhado de arroz integral.

Este grão tem a força de um gigante: fornece nutrientes suficientes para manter você no auge da forma.

O feijão de todo dia fornece uma gama impressionante de nutrientes que ajudam a combater o desânimo e estimulam a função cerebral. Rico em vitamina B1, ele mantém a memória aguçada, e sua grande quantidade de magnésio induz ao relaxamento físico e mental. As fibras solúveis equilibram o açúcar no sangue, garantindo a vitalidade e evitando os altos e baixos de energia. Também fornece um reforço de ferro para as mulheres durante a menstruação. Além disso, seu alto teor de proteína garante força e disposição.

arroz integral

Cereal versátil repleto de fitonutrientes, reduz o estresse em qualquer idade e ameniza o período do climatério.

NUTRIENTES
Magnésio, manganês, selênio; fibras; triptofano

Muitos dos nutrientes que podem melhorar o humor se perdem durante o processamento para tornar o arroz branco. O arroz integral conserva todos os seus nutrientes e fornece selênio, que combate a depressão e não faz parte da dieta da maioria das pessoas, e magnésio, que tem um importante papel na redução dos distúrbios de humor e do estresse. O arroz integral leva mais tempo para ser digerido do que o processado, evitando os picos de alta e baixa dos níveis de açúcar no sangue, saciando por mais tempo.

PUDIM DE ARROZ

300 g/1 ½ xícara de arroz integral
4 colheres (sopa) de uvas-passas
250 ml de leite
2 colheres (sopa) de mel
2 colheres (chá) de canela

Cozinhe o arroz por 15 min, até ficar macio. Preaqueça o forno a 160°C. Misture bem o arroz e as uvas-passas em uma assadeira. Aqueça o leite e o mel em uma panela, despeje sobre o arroz e polvilhe com canela. Asse por 30 min e sirva.

78

castanha-do-pará

NUTRIENTES
Vitamina B1; cobre, magnésio, manganês, fósforo, selênio; fibras; proteínas

Este petisco saboroso contém uma rara fonte mineral que pode combater a depressão e a ansiedade.

A castanha-do-pará é fonte de selênio, mineral que promove o bom humor. Uma dieta pobre em selênio pode levar à depressão, à ansiedade e à fadiga, e o consumo de alimentos ricos neste mineral promove o bem-estar. Em grande parte do mundo, mesmo as dietas consideradas saudáveis podem ser pobres em selênio, pois os alimentos, em geral, são cultivados em solo cansado. Algumas poucas castanhas são suficientes para fornecer os níveis recomendados de selênio. E mais, a castanha-do-pará contém outros nutrientes estimulantes do humor, como o magnésio, que alivia o estresse e a ansiedade.

SALADA FELIZ

225 g de batatas em metades
250 g de espinafre
4 pimentões pequenos sem sementes picados
molho para salada de sua preferência
115 g de castanhas-do-pará picadas
1 colher (sopa) de sementes de girassol

Cozinhe as batatas por 10 min, até amolecerem. Escorra e coloque numa travessa com o espinafre e os pimentões. Misture, regue com o molho e salpique as castanhas e sementes de girassol por cima. Sirva em seguida.

sementes de girassol

Combata o cansaço, relaxe e estimule o bom funcionamento do cérebro saboreando este petisco saudável.

Pessoas ocupadas tendem a se alimentar mal quando mais necessitam de uma nutrição adequada. Sementes são nutritivas e práticas de comer, e a de girassol está entre as fontes de nutrientes que mais favorecem a saúde mental e emocional. É rica em vitamina E, que ajuda a reduzir a propensão ao Alzheimer e previne o incômodo dos fogachos da menopausa. A vitamina E e o magnésio também combatem a insônia. A semente de girassol tem alto teor de vitaminas B, fundamentais para o bem-estar psicológico. A B1 ajuda a manter o cérebro alerta sob estresse.

A semente de girassol é uma das fontes mais ricas de fitoesteróis, que reduzem o colesterol.

NUTRIENTES

Vitaminas B1, B5, E, ácido fólico; cobre, magnésio, manganês, fósforo, selênio

COBERTURA DE GIRASSOL

- **1 colher (sopa) de óleo de amendoim ou girassol**
- **4 colheres (sopa) de sementes de girassol**
- **1 colher (sopa) de sementes de gergelim**
- **2 colheres (sopa) de nozes em metades**
- **1 colher (sopa) de shoyu**
- **2,5 cm de gengibre picado**

Aqueça o óleo em temperatura alta em uma wok. Junte as sementes e frite por 30 seg, mexendo sem parar. Adicione o shoyu e passe para uma tigela imediatamente. Misture o gengibre. Salpique sobre o arroz ou frituras.

sementes de linhaça

NUTRIENTES
Vitamina B6, ácido fólico; cobre, magnésio, manganês, fósforo; fibras; ligninas; ômega-3

A linhaça pode combater a depressão, estimular a concentração, aumentar a disposição e amenizar as mudanças hormonais.

Seja qual for sua idade ou sexo, a semente de linhaça pode deixá-lo mais alegre e ajudá-lo a pensar com mais clareza. Esta supersemente contém nutrientes vitais para o funcionamento do cérebro, mas não faz parte da maioria das dietas. Nas mulheres com mais de 35 anos, pode ainda amenizar os desgastantes sintomas da menopausa, como fogachos, insônia e mudanças de humor. Também mantém a produção de hormônios e de outras substâncias em equilíbrio, prevenindo as instabilidades provocadas pela tensão pré-menstrual ou pelo mau funcionamento da tireoide.

A semente de linhaça é rica em ligninas, que diminuem o desequilíbrio hormonal.

É também uma das fontes mais ricas de ômega-3, reconhecido por seus benefícios para a mente e o corpo. O ômega-3 estimula o funcionamento do cérebro e do sistema nervoso, permitindo que as células trabalhem e se comuniquem uma com as outras adequadamente, o que pode evitar diversas doenças consideradas psicológicas. Além disso, aumentam o estado de alerta e a memória.

CAFÉ-DA-MANHÃ REFORÇADO

4 colheres (sopa) de sementes de linhaça
2 bananas fatiadas
½ melão-cantalupo pequeno picado
4 colheres (chá) de sementes de abóbora
2 colheres (chá) de sementes de gergelim
8 colheres (sopa) de iogurte desnatado
100 g de morangos picados

Misture bem todos os ingredientes, exceto o morango, numa tigela. Salpique os morangos por cima e sirva.

Tirando proveito

A semente de linhaça contém uma forma de ômega-3 chamado ácido alfalinolênico (ALA), mas nossa capacidade para aproveitá-lo é limitada pelas gorduras saturadas e hidrogenadas, que competem pelos mesmos receptores em nosso organismo. Então, reduza o consumo dessas gorduras e consuma alimentos ricos em vitaminas B3, B6 e C, zinco e magnésio, que ajudam o organismo a absorver o ALA. O óleo de semente de linhaça é rico em ômega-3, mas não contém ligninas e perde boa parte de seu valor se cozido.

1 colher (sopa) de semente de linhaça contém quase a necessidade diária recomendada de ômega-3.

81

ostra

Famoso por estimular a vida sexual, este molusco é repleto de ômega-3.

NUTRIENTES

Vitaminas do complexo B, A, D, E; cálcio, cobre, iodo, ferro, potássio, selênio, zinco; ômega-3

Uma dúzia de ostras contém apenas cerca de 110 calorias.

A ostra tem fama de afrodisíaca, de recuperar a libido em pessoas que perderam o interesse pelo sexo. Isso em parte acontece porque é rica em zinco e praticamente em todos os demais minerais necessários à boa saúde. Quando o organismo está carente de minerais vitais, o sexo vai para o final da lista de funções que ele precisa manter. Repleta de nutrientes, a ostra age como tônico geral para a saúde e um estimulante do apetite sexual. É uma fonte riquíssima de ômega-3, que nos dá ânimo e disposição, e promove o bom funcionamento do cérebro. A ostra também fornece vitaminas do complexo B, essenciais para a mente e o humor.

OSTRAS VERDES

24 ostras frescas
450 g de espinafre fresco
115 g de salsinha fresca picada
4 colheres (sopa) de vinho branco

Preaqueça o forno a 220°C. Abra as ostras, retire da casca e lave bem, descartando as que já vierem abertas. Disponha as meias cascas numa assadeira. Misture bem o espinafre, a salsinha e o vinho branco. Espalhe sobre as ostras e asse por 6-7 min, até que estejam completamente cozidas. Sirva.

82

leite

Relaxe mas mantenha-se alerta com uma bebida que ajuda a amenizar os sintomas pré-menstruais.

NUTRIENTES
Vitaminas A, B2, B12, D, K; cálcio, iodo, fósforo, potássio; proteínas

Muitas mulheres se tornam irritadas, esquecidas ou deprimidas pouco antes da menstruação, durante a TPM – a tensão pré-menstrual. Um copo de leite pode ser a resposta, pois contém muitos nutrientes que melhoram e estabilizam o humor. O leite é rico em cálcio e vitamina D, que juntos conseguem reduzir ou até mesmo prevenir os sintomas da TPM. Como é um alimento de origem animal, dê preferência ao orgânico, pois contém até 70% mais ômega-3, que auxilia no funcionamento do cérebro. Quando precisar ficar acordado, beba um copo de leite, pois ele induz a produção de dopamina e noradrenalina, que manterão você alerta.

CEREAL RECONFORTANTE

- **350 g de cereal matinal integral**
- **4 colheres (sopa) de sementes de girassol**
- **2 bananas fatiadas**
- **250 ml/1 xícara de leite desnatado ou semidesnatado**

Misture bem o cereal e as sementes no recipiente onde será servido. Espalhe as bananas e despeje o leite por cima.

83

mirtilo

NUTRIENTES
Vitaminas C, E; manganês; fibras

Por vezes acre, esta frutinha é uma arma poderosa na luta contra os danos do envelhecimento.

O mirtilo sempre figura entre os dez alimentos mais indicados para combater os danos celulares causados pelos radicais livres. Sua coloração é devida às antocianinas, que se acredita inibem os danos celulares. Contém ainda tanino, que combate a inflamação, e resveratrol, composto qua auxilia no combate ao câncer e a doenças do coração. Pesquisas indicam que uma dieta rica em frutas vermelhas pode proteger contra a demência e preservar a memória e a capacidade de aprendizado na velhice. O mirtilo ajuda ainda a prevenir infecções do trato urinário, a manter a visão clara e a reverter os sintomas neurodegenerativos, como perda de equilíbrio e da coordenação.

TORTA RÚSTICA DE MIRTILO E PERA

85 g de manteiga
¾ de xícara de farinha de trigo
½ xícara de aveia em flocos
4 colheres (sopa) de açúcar mascavo
2 peras grandes fatiadas
4 colheres (sopa) de mirtilos

Preaqueça o forno a 180°C. Prepare uma mistura com consistência de farofa com a manteiga, a farinha e a aveia. Incorpore o açúcar. Distribua as peras e o mirtilo numa assadeira untada. Salpique a farofinha sobre as frutas e leve para assar por 40-45 min, até corar.

figo

Esta fruta saborosa contém minerais que fortalecem os ossos e ajudam o intestino preguiçoso.

NUTRIENTES
Betacaroteno; cálcio, manganês; potássio; fibras

As folhas de figo, que são comestíveis, contêm compostos que reduzem as gorduras no sangue e combatem o diabetes.

Dois dos minerais presentes no figo ajudam a proteger os ossos: o cálcio e o potássio. A maioria de nós consome sódio em excesso (principalmente vindo do sal), e potássio de menos, que equilibraria alguns dos efeitos do sódio. O excesso de sódio faz que o organismo excrete cálcio, e o potássio ajuda a inibir essa perda. Além disso, combate os efeitos nocivos do sódio na pressão sanguínea e alivia a prisão de ventre. Uma compota preparada com figo seco reidratado pode amenizá-la.

FIGOS COM ESPECIARIAS

12 figos secos
2 colheres (sopa) de uvas-passas
125 ml/ ½ xícara de vinho tinto
½ colher (chá) de cravo em pó
2 colheres (chá) de canela em pó
uma pitada de pimenta-do-reino

Deixe os figos de molho em água durante a noite. Escorra-os e reserve 2 colheres (sopa) da água. Bata com os demais ingredientes no liquidificador. Coloque numa panela e aqueça em fogo brando por 5 min. Sirva acompanhado de ricota ou iogurte.

85

cereja

NUTRIENTES
Vitaminas do complexo B, C; cálcio, potássio; ácido elágico; flavonoides; fibras

Ossos e articulações são beneficiados por essa deliciosa frutinha, que talvez seja a chave para permanecer jovem.

Articulações doloridas e ossos frágeis são sintomas indesejados do envelhecimento, mas a cereja pode contribuir muito para protegê-los. Rica em antocianina, a cereja tem poderosa ação anti-inflamatória, que combate a dor nas articulações e nos músculos. Como resultado, as pessoas se tornam mais ativas, o que promove uma melhora geral na saúde, o fortalecimento dos ossos e da coordenação física. Esse componente confere à cereja o mesmo efeito protetor ao coração que o do vinho tinto. A cereja também ajuda fornecendo boro, mineral que auxilia diminuir a perda da densidade óssea que ocorre com a idade.

SALADA DE CEREJA

1 pé de alface romana
450 g de cerejas sem caroço
2 peras ou maçãs maduras picadas
115 g de queijo em cubos
molho para salada de sua preferência
55 g de nozes em metades

Rasgue as folhas de alface e misture bem com as frutas e o queijo numa tigela. Regue com o molho escolhido, espalhe as nozes por cima e sirva.

SOPA DE CEREJA QUENTE OU FRIA

450 g de cerejas sem o caroço
1 colher (chá) de canela
raspas e suco de ½ limão-siciliano
4 colheres (sopa) de vinho tinto
4 colheres (sopa) de mel

Misture todos os ingredientes e leve para aquecer, em fogo brando, por cerca de 5 min. Sirva quente ou, se preferir, fria e regada com iogurte.

Sonhos doces (e amargos)

A falta de sono costuma se manifestar tarde na vida, e a cereja pode ajudar nesse caso também. Ela contém melatonina, nutriente vital que estimula padrões de sono saudável. Com frequência é indicada para evitar o *jetlag* (efeitos da mudança de fuso horário). A cereja mais amarga tem mais melatonina que as doces. Para completar, a cereja é rica em flavonoides, que protegem o coração e diminuem a propensão ao câncer.

A ação antioxidante da cereja é mais intensa do que a da maioria dos outros alimentos.

98

romã

NUTRIENTES
Vitamina C, betacaroteno, ácido fólico; potássio; ácido elágico; fibras

Tradicional símbolo da vida e de boa sorte, que cumpre sua promessa na velhice.

Tomar um copo de suco de romã ao dia protege contra três problemas da velhice: doenças do coração, câncer e osteoartrite. Em homens que já tiveram câncer de próstata, há indicações de que a romã possa ajudar a retardar o crescimento do tumor. Além disso, contribui para a prevenção do desenvolvimento de diversos cânceres. Os polifenóis abundantes na romã atuam como antioxidantes, evitando danos ao coração e o acúmulo de placas nas artérias. A romã pode também amenizar a dor da osteoartrite, inibindo a deterioração da cartilagem nas articulações e prevenindo a inflamação.

CREME DE ROMÃ

200 ml de iogurte
2 colheres (chá) de mel
4 romãs maduras
4 raminhos de hortelã

Coloque o iogurte numa tigelinha e misture bem com o mel. Corte as romãs ao meio e bata na casca com uma colher de pau, até soltar as sementes. Misture-as ao iogurte com mel. Sirva guarnecido com folhas de hortelã.

berinjela

O pigmento da casca da berinjela tem poderosas propriedades protetoras.

NUTRIENTES
Vitaminas B1, B3, B6, folato; cobre, magnésio, manganês, potássio

Algumas pessoas precisam de reforço de ferro na dieta, mas o ferro em excesso é prejudicial. Ele aumenta a produção de radicais livres, um subproduto dos processos metabólicos que danificam as células. A berinjela contém um conjunto de fitonutrientes que acabam com os nocivos radicais livres. Um deles é o ácido clorogênico, um poderoso antioxidante que reduz os níveis de colesterol ruim e possui ação antiviral. O outro é uma antocianina, o nasunin, que se acredita ajude o organismo a excretar o excesso de ferro, o que reduziria o risco de desenvolvimento de males como câncer, doenças do coração e artrite.

BABAGANUCHE

2 berinjelas grandes
6 dentes de alho amassados
4 colheres (sopa) de tahine
4 colheres (sopa) de suco de limão-siciliano
1 colher (sopa) de azeite de oliva
um maço de salsinha

Preaqueça o forno a 190°C. Coloque as berinjelas numa assadeira e asse-as por 30 min. Corte-as ao meio; retire e pique a polpa. Coloque num escorredor por ao menos 10 min. Numa tigela, amasse a polpa da berinjela com o alho, o tahine e o suco de limão, até formar uma pasta uniforme. Regue com o azeite e salpique a salsinha por cima. Sirva acompanhado de pães ou vegetais crus.

repolho

NUTRIENTES
Vitaminas A, B1, B2, B6, C, K, folato; cálcio, magnésio, manganês, potássio; fibras; ômega-3; proteínas

Esta planta carrega um arsenal inteiro que protege contra o câncer e o mal de Alzheimer.

O repolho é um vegetal crucífero que auxilia contra o câncer. Seus compostos ajudam o fígado a remover as toxinas, inibem a proliferação das células e previnem que o estrogênio estimule o desenvolvimento do câncer de mama. Além disso, combate a artrite e doenças oculares. O repolho roxo é rico em vitamina C e fitonutrientes que protegem contra o câncer e o mal de Alzheimer. Suas antocianinas combatem os efeitos da proteína beta-amiloide, que pode danificar as células cerebrais. Após picar as verduras crucíferas, aguarde uns minutos, pois isso desenvolve muitos compostos funcionais.

SALADA DE REPOLHO E MAÇÃ

175 g de repolho roxo picado
175 g de repolho verde picado
2 colheres (sopa) de azeite de oliva
1 colher (sopa) de suco de limão-siciliano
1 dente de alho amassado
4 maçãs picadas

Misture bem os repolhos, o azeite de oliva, o suco de limão e o alho em uma tigela grande. Deixe na geladeira por pelo menos 2 h, até a hora de servir. Junte a maçã, tempere a gosto e sirva a seguir.

89

alho-poró

Possui todos os benefícios rejuvenescedores da família *allium*, mas com sabor mais suave.

Pertencente à mesma família do alho e da cebola, o alho-poró compartilha muitas das qualidades vitais desses vegetais. Ingerido regularmente, ajuda a manter a pressão equilibrada. Diminui o risco de derrames e de doenças do coração, reduzindo o nível do colesterol ruim (LDL) e elevando o do colesterol bom (HDL). Além disso, ajuda a manter as artérias desobstruídas, impedindo o acúmulo de placas, e combate o câncer de próstata e de cólon. O alho-poró contém menos compostos protetores que o alho e a cebola, mas seu sabor mais suave permite que seja ingerido em maiores quantidades.

SOPA DE BATATA E ALHO-PORÓ

3 colheres (sopa) de azeite de oliva
2 dentes de alho amassados
2 batatas sem casca raladas
450 g de alho-poró fatiado
1 litro de caldo
pimenta a gosto
2 colheres (sopa) de salsinha picada

Refogue o alho no azeite por 1 min. Junte as batatas e o alho-poró e refogue por 5-10 min. Adicione o caldo e deixe ferver. Diminua o fogo e cozinhe por mais 30 min. Se preferir, bata no liquidificador. Misture a pimenta, guarneça com a salsinha e sirva.

NUTRIENTES
Vitaminas B6, C, ácido fólico; ferro, manganês; fibras

O alho-poró ligeiramente cozido no vapor é perfeito para contrapor a oleosidade de peixes ricos em ômega-3.

alface

Adicione uma folha de alface ao sanduíche e diminua o risco de fratura do quadril pela metade.

NUTRIENTES
Vitaminas B1, B2, C, K, betacaroteno, ácido fólico; cromo, ferro, manganês, molibdênio, fósforo, potássio; fibras

Embora pareça pouco nutritiva, uma folha de alface pode ser um valioso protetor contra um dos acidentes incapacitantes mais comuns entre idosos. Segundo cientistas, as mulheres idosas que comem alface diariamente apresentam 50% menos fraturas de quadril do que as que o consomem menos que uma vez por semana. Esse benefício é mérito da vitamina K que ele contém. Todas as variedades de alface ajudam, mas, como em outras verduras, quanto mais escura, maior seu valor nutricional.

As folhas verde--escuras da alface romana são as mais ricas em nutrientes entre todas as alfaces.

ERVILHA E ALFACE

- **55 g de manteiga**
- **350 g de ervilhas**
- **8 folhas grandes de alface romana em tiras**
- **4 colheres (sopa) de caldo ou de água**
- **1 colher (chá) de pimenta**

Derreta a manteiga em fogo baixo, junte a ervilha e a alface, e depois o caldo ou a água. Quando ferver, tampe a panela e cozinhe por 5 min. Tempere com a pimenta e sirva.

cogumelo

Todas as variedades de cogumelos são famosas por ajudarem a combater o câncer e doenças do envelhecimento.

Os cogumelos são uma das fontes mais ricas do poderoso antioxidante L-ergotioneína, que combate os danos celulares. São também ricos em vitamina B3, capaz de retardar o aparecimento de demências na velhice, e em potássio, que ajuda a regular a pressão sanguínea. Pesquisas sobre suas propriedades anticancerígenas estão em andamento, incluindo sobre a redução do risco do câncer de mama. Eles também contêm minerais que amenizam as dores da artrite. Os cogumelos ajudam ainda a retardar a perda muscular, (pois fornecem proteínas numa forma facilmente) aproveitada pelo organismo. Os cogumelos shitake, em especial, são ricos em ferro.

NUTRIENTES

Vitaminas do complexo B, biotina, ácido fólico; cobre, manganês, fósforo, potássio, selênio, zinco; proteínas; triptofano

COGUMELOS CLAROS E ESCUROS

½ colher (sopa) de azeite de oliva
8 cogumelos portobelo grandes
4 fatias de pão integral
55 g de queijo de coalho
1 colher (sopa) de shoyu

Coloque os cogumelos virados para baixo numa assadeira e pincele levemente com azeite. Grelhe no forno por 3 min até ficarem macios. Vire e deixe mais 3 min. Enquanto isso, toste os pães numa torradeira. Cubra 4 dos cogumelos com o queijo coalho e grelhe por mais 2 min. Regue os demais cogumelos com o shoyu. Sirva sobre as torradas.

92

azeitona

Comer azeitonas mantém a pele jovem, enquanto lubrifica as articulações e protege as células.

NUTRIENTES
Vitamina E; cálcio, cobre, ferro; polifenóis; fibras

TAPENADE

200 g de azeitonas picadas
55 g de alcaparras escorridas e picadas
55 g de filés de alici picados (opcional)
suco de 1 limão-siciliano
1 colher (chá) de pimenta-do-reino em pó
2 colheres (chá) de azeite de oliva

Coloque todos os ingredientes numa tigela. Misture bem ou bata rapidamente no liquidificador, para uma textura mais fina. Sirva sobre pão fresco ou vegetais crus.

A azeitona e seu azeite extravirgem figuram entre as principais fontes de gorduras monoinsaturadas. Também são ricos em vitamina E e polifenóis. Esses três nutrientes estão associados a um menor risco de câncer de cólon, cuja propensão aumenta com a idade. Combinados, esses nutrientes protegem as células de danos que podem levar ao câncer ou provocar doenças cardíacas, obstrução das artérias e deterioração da pele. Sua ação calmante sobre os tecidos pode diminuir a dor de artrite. E o conteúdo de vitamina E pode, além disso, amenizar os fogachos.

acelga

Além de proteger a saúde, esta verdura guarda um segredo de beleza.

A acelga, comum ou chinesa, é uma das superverduras que auxiliam no combate a diversas doenças da meia-idade e da velhice, incluindo diversos tipos de câncer. Contém um número surpreendente de vitaminas e minerais. Para citar alguns de seus outros benefícios, o magnésio e a vitamina K fortalecem os ossos; o potássio protege o coração; o betacaroteno previne danos no DNA; e a vitamina E mantém a pele jovem e ajuda a reduzir o risco de desenvolver o mal de Alzheimer.

NUTRIENTES
Vitaminas A, do complexo B, C, E, K; cálcio, cobre, ferro, magnésio, manganês, fósforo, potássio, zinco; fibras; proteínas

ACELGA GRATINADA

450 g de acelga
1 colher (sopa) de azeite de oliva
4 dentes de alho amassados
400 g de tomates picados
115 g de queijo ralado
2 colheres (chá) de suco de limão-siciliano

Separe e pique as folhas da acelga. Fatie a parte do talo, cozinhe em água por 10 min e escorra. Refogue o alho no azeite por 1 min. Junte os tomates e cozinhe por mais 5 min. Despeje sobre os talos da acelga numa assadeira. Polvilhe com queijo ralado e grelhe por 3-5 min. Cozinhe as folhas reservadas no vapor, junte o suco de limão e sirva com a acelga gratinada.

94

abóbora-menina

Este superlegume alaranjado reforça sobremaneira as defesas celulares do organismo.

NUTRIENTES
Vitaminas B1, B3, B5, B6, C, betacaroteno, ácido fólico; cobre, manganês, potássio; fibras; ômega-3

A polpa carnuda da abóbora-menina, assim como a da abóbora adulta e a da moranga, fornece uma boa dose de nutrientes rejuvenescedores. O extrato de abóbora-menina ajuda a diminuir a hipertrofia benigna da próstata, tão comum em homens após a meia idade. O consumo regular de abóbora-menina contribui para evitar o aumento da glândula. Sua ampla gama de nutrientes combate os danos celulares que podem levar ao câncer e a doenças cardíacas. E suas propriedades anti-inflamatórias atuam como coadjuvantes, amenizando a dor de muitas doenças do envelhecimento.

ABÓBORA COM QUEIJO E NOZES

4 colheres (sopa) de azeite de oliva
2 dentes de alho amassados
2 abóboras-meninas
200 g de queijo em cubos
100 g de nozes em metades

Preaqueça o forno a 190°C. Corte as abóboras ao meio e retire as sementes. Tempere-as com o azeite e o alho, e leve para assar por 1 h, até ficar macia. Retire boa parte da polpa, sem deixar a casca perder a forma. Amasse a polpa e misture com o queijo e as nozes. Recheie as cascas e asse por mais alguns minutos, para derreter o queijo. Sirva a seguir.

95

orégano

Um dos melhores antioxidantes, esta erva auxilia na prevenção de câncer e doenças do coração.

As ervas e frutas estão entre as principais fontes de antioxidantes – nutrientes que ajudam a proteger as células do organismo de danos causados por efeitos secundários de processos naturais. Mas ao testar dezenas de plantas, pesquisadores constataram que o orégano oferece quatro vezes mais proteção que o mais famoso antioxidante, o mirtilo. Suas propriedades antioxidantes ajudam a combater doenças decorrentes do envelhecimento, em especial as do coração e o câncer. O orégano é também conhecido por sua ação bactericida, que protege contra doenças provocadas por alimentos. As folhas frescas são as mais efetivas.

MEXIDO DE ESPINAFRE

1 colher (sopa) de azeite de oliva
2 dentes de alho amassados
200 g de espinafre
8 ovos batidos
200 g de queijo feta (opcional)
4 colheres (sopa) de orégano fresco picado

Refogue o alho no azeite, em fogo brando, por 30 seg. Junte o espinafre e cozinhe por 2 min. Bata os ovos com 3 colheres (sopa) de água e despeje sobre o espinafre. Mexa até que os ovos cozinhem por igual. Se preferir, adicione o queijo feta esfarelado no fim do cozimento. Incorpore o orégano e sirva a seguir.

NUTRIENTES
Vitaminas C, K, betacaroteno; cálcio, ferro, magnésio, manganês; ômega-3

Uma colher de sopa de orégano fresco fornece tanto antioxidante quanto uma maçã inteira.

96

aveia

O mingau do café-da-manhã pode acabar se transformando na refeição mais saudável do dia.

NUTRIENTES
Vitamina B1; magnésio, manganês, fósforo, selênio; fibras; proteínas

Poderia algo tão trivial quanto a aveia fornecer a resposta para doenças cardíacas, diabetes e derrames? Consumidas regularmente, todas as variedades de cereal integral estão associadas à boa saúde na velhice, mas a aveia tem qualidades especiais. Ela contém uma forma de fibra chamada betaglucano, que tem a capacidade extraordinária de reduzir o colesterol – diminuindo o risco de derrames e cardiopatias devidas a artérias obstruídas – e estabilizar a glicemia. Outros compostos da aveia protegem o coração e os pulmões, contribuindo para diminuir o risco de câncer e até mesmo fortalecer o organismo no combate a doenças infecciosas.

BOLINHOS DE AVEIA

100 g/ ¾ de xícara de aveia em flocos finos
uma pitada de bicarbonato de sódio
uma pitada de sal
1 colher (sopa) de azeite de oliva

Preaqueça o forno a 180°C. Misture bem a aveia, o bicarbonato e o sal. Incorpore o azeite e 2 colheres (sopa) de água quente e amasse, até formar uma pasta firme. Abra com o rolo sobre uma superfície enfarinhada. Recorte 8 círculos e os distribua numa fôrma untada. Asse até corar, por 8-10 min. Sirva.

salmão

Os peixes gordurosos combatem a rigidez e o ressecamento, lubrificando as articulações, os olhos e as artérias.

O salmão é uma excelente fonte de ômega-3, que combate muitos dos efeitos do envelhecimento. Ao preservar o cérebro e as funções celulares, protege contra numerosas doenças, incluindo câncer, doenças nos olhos causadas pela idade, derrames, perda de memória e demência. Combate também as cardiopatias, baixando o nível de colesterol e outros lipídios no sangue, prevenindo a arritmia, reduzindo a pressão sanguínea e a propensão à formação de coágulos. Sua potente ação anti--inflamatória alivia a dor e a rigidez da artrite.

NUTRIENTES

Vitaminas B3, B6, B12; magnésio, fósforo, selênio; proteínas; triptofano

SALMÃO AO MOLHO DE UVA

2 colheres (chá) de mostarda
2 colheres (chá) de tomilho seco
2 colheres (chá) de mel
4 filés de salmão
1 colher (sopa) de azeite de oliva
225 g de uvas vermelhas cortadas ao meio
125 ml de vinho tinto

Preaqueça o forno a 150°C. Misture a mostarda, o tomilho e o mel e use para temperar o peixe. Aqueça metade do azeite numa frigideira e grelhe os filés dos dois lados. Coloque-o numa assadeira untada e leve ao forno por 10 min. Aqueça o restante do azeite numa panela e refogue as uvas por 2 min. Junte o vinho e deixe ferver até reduzir à metade. Regue sobre o salmão e sirva.

98

nozes

NUTRIENTES
Cobre, manganês; ômega-3; triptofano

Estudos mostram que as nozes diminuem o risco de desenvolver pedras na vesícula.

NOZES PICANTES

1 colher (sopa) de pasta de curry
1 colher (chá) de suco de manga
1 colher (chá) de cominho
115 g/1 xícara de nozes

Preaqueça o forno a 180°C. Misture bem a pasta de curry, o suco de manga e o cominho. Coloque as nozes numa assadeira untada, cubra com a pasta obtida e asse por 5-10 min até ficarem crocantes. Sirva como aperitivo.

Este petisco poderoso protege o coração, estimula o cérebro e ainda ajuda a dormir melhor.

Comer nozes ao final de uma refeição rica em lipídios contrapõe os efeitos das gorduras ingeridas, reduzindo a inflamação e mantendo as artérias flexíveis, afirmam cientistas. As nozes são uma das fontes mais importantes de antioxidantes. Benéficas para o coração, ajudam a prevenir a arritmia, a baixar o colesterol e a proteger as artérias. Uma de suas principais ações é o combate a inflamações. E isso significa bem mais que aliviar infecções cutâneas e dores articulares, especialmente na velhice. A inflamação se faz presente na maior parte das doenças debilitantes do envelhecimento. Ela engrossa as artérias, provocando hipertensão, derrames e cardiopatias; e acelera o desgaste ósseo, que leva à osteoporose. Os danos provocados pela inflamação crônica estão relacionados ao desenvolvimento de câncer e de doenças degenerativas do cérebro e do corpo. Meia dúzia de nozes ao dia pode ser suficiente para reduzir esses riscos.

Gorduras amigáveis

Comer nozes e castanhas diminui o risco de desenvolver diabetes, mas para quem já é portador, as nozes ajudam a equilibrar as gorduras. Ao contrário das demais frutas oleaginosas, são ricas em gorduras poli-insaturadas. E também estão entre as principais fontes de ácido alfalinoleico, uma forma de ácido graxo ômega-3 que ajuda a manter as células fortes e flexíveis, protegendo contra doenças do envelhecimento e mantendo o cérebro em boa forma. Como se não bastasse, as nozes regulam a produção de melatonina, estimulando o sono saudável.

VITAMINA DE NOZES E BANANA

2 bananas maduras picadas
250 ml de iogurte desnatado
8 colheres (sopa) de nozes picadas
2 colheres (sopa) de mel

Bata as bananas no liquidificador com o iogurte, metade das nozes e o mel. Sirva a seguir, salpicada com as nozes restantes.

99

vinho tinto

NUTRIENTES
Vitaminas B1, B6, C, E; manganês, potássio; flavonoides; polifenóis

Os benefícios à saúde desta bebida não se restringem ao efeito relaxante provocado pelo álcool.

O processo de fabricação do vinho facilita a utilização de alguns de seus nutrientes pelo organismo.

O vinho tinto é um elemento-chave na dieta mediterrânea, que se acredita aumenta a longevidade e diminui os índices de doenças do coração. Seus nutrientes reduzem o colesterol e a pressão sanguínea, mantendo os músculos cardíacos sadios e prevenindo a formação de coágulos. Um deles é o resveratrol, que protege as células do organismo de alterações cancerígenas. Está comprovado que uma taça diária pode diminuir a propensão ao mal de Alzheimer, prevenindo a formação de placas no cérebro. Contudo, bebendo mais que uma dose por dia (para mulheres) ou duas (para homens), seus efeitos são reduzidos; e, em doses exageradas, os danos do álcool superam seus benefícios.

VINHO QUENTE ESPECIAL

1 garrafa (750 ml) de vinho tinto
1 laranja cortada ao meio
2 colheres (sopa) de mel
2,5 cm de gengibre picado
1 colher (chá) de canela

Coloque todos os ingredientes numa panela. Deixe ferver em fogo brando por 20 min, mexendo de vez em quando. Sirva em xícaras.

chá preto

Faça uma pausa para o chá: os 200 compostos ativos na xícara de chá comum entram em ação enquanto você relaxa.

Foi constatado que o chá tem um número extraordinário de qualidades funcionais. Surpreendentemente, o chá é uma rica fonte dos fitocompostos chamados flavonoides, que protegem o coração. Somente a maçã, a cebola e o brócolis têm a mesma capacidade que o chá de ajudar a diminuir o risco de cardiopatias. E para quem já é cardíaco, uma ou duas xícaras ao dia diminuem o risco de um novo ataque do coração. O chá tem propriedade bactericida e ajuda a combater o câncer no sistema digestório. Também reduz os efeitos do estresse, estimula o estado de alerta e pode ajudar a proteger os ossos da osteoporose.

NUTRIENTES

Vitaminas B1, B2, B6, C, K, betacaroteno, ácido fólico; flúor, manganês, potássio, zinco; flavonoides

BARA BRITH: PÃO DE CHÁ ESCOCÊS

350 g de frutas secas
375 ml/1 ½ xícara de chá preto
200 g de açúcar mascavo
600 g de farinha com fermento
1 colher (chá) de canela
1 ovo batido

Deixe as frutas macerando no chá durante a noite. No dia seguinte, preaqueça o forno a 160°C. Misture bem o açúcar, a farinha e a canela com as frutas. Junte os ovos e mexa. Asse numa fôrma de bolo inglês untada, por 1 ½ hora. Deixe esfriar, corte em fatias, passe manteiga e sirva.

orientação para doenças

AGITAÇÃO E ALTERAÇÕES DE HUMOR

As flutuações dos níveis de açúcar no sangue podem causar alterações de humor e deixar o indivíduo hiperativo num momento e cansado e estressado no outro. Isso, em geral, é provocado por alimentos altamente processados ou ricos em açúcar, e pode desencadear outros problemas de saúde, incluindo o diabetes. Dê preferência aos alimentos que tenham um efeito levemente regulador sobre a glicemia.

Consuma:

laranja, framboesa, couve, grão-de-bico, mel, ameixa seca, feijão-preto, lentilha, grapefruit, abobrinha, ervilha, centeio, tofu, chá verde, batata-doce, canela, arroz integral, mirtilo, alho-poró, aveia, nozes

ANEMIA

O primeiro sinal de que as hemácias estão abaixo do normal é sentir fraqueza ou fadiga. A causa mais provável é a carência de ferro ou vitamina B12. Mulheres jovens, em especial, são mais predispostas a isso, principalmente as que têm fluxo menstrual intenso e que comem pouca ou nenhuma carne, já que o organismo absorve ferro com mais facilidade de carnes e peixes do que de outras fontes. Os alimentos ricos em vitamina C facilitam a absorção de ferro pelo organismo. Se o cansaço persistir, consulte um médico.

Consuma:

grão-de-bico, mexilhão, avestruz, ameixa seca, vagem, espinafre, iogurte, ovos, algas marinhas, batata-doce, ostras, leite e salmão

ARTRITE

A osteoartrite é causada pelo desgaste e rompimento das articulações; logo, a maioria das pessoas sente ao menos umas fisgadas ao chegar na casa dos 50. Mas ela pode se manifestar mais cedo, após um traumatismo. A variação degenerativa da doença, a artrite reumatoide, é menos comum, mas inicia na juventude. Trata-se de duas doenças distintas, mas ambas respondem às propriedades anti-inflamatórias dos alimentos ricos em

ômega-3, especialmente o óleo de peixe (atenção: o óleo de peixe não é recomendado para pacientes com artrite do tipo gota). Cálcio, ferro e vitamina D tiveram bons efeitos sobre a artrite. Uma dieta rica em frutas e vegetais fornece muitos outros fitonutrientes supostamente benéficos.

Consuma:

cúrcuma, chicória, gengibre, abacaxi, vagem, cereja, romã, berinjela, repolho, cogumelo, azeite de oliva, abóbora-menina, salmão

ASMA E DOENÇAS PULMONARES

Os alimentos ricos em vitamina C são tradicionalmente usados no combate à asma e outras doenças do peito. E muitos outros nutrientes ajudam de diversas maneiras: o magnésio, por exemplo, previne os espasmos e a falta de ar da crise de asma.

Consuma:

kiwi, laranja, couve, cebola, pimentão vermelho, mostarda, mexilhão, alecrim, azeite de oliva

CÂNCER

Segundo a Organização Mundial da Saúde, uma alimentação saudável pode ajudar a prevenir um terço dos tipos de câncer. Está comprovado que um grande número de fitonutrientes naturais reduz a predisposição ao câncer. Frutas e vegetais de todos os tipos fornecem diversos compostos benéficos.

Consuma:

laranja, framboesa, cenoura, couve, cebola, pimentão vermelho, cúrcuma, mexilhão, avestruz, maçã, beterraba, brócolis, couve-flor, cominho, gengibre, agrião, grapefruit, pera, melão-cantalupo, morango, alho, centeio, arroz integral, mirtilo, cereja, romã, berinjela, repolho, alho-poró, cogumelo, azeitona, acelga, abóbora-menina, orégano, aveia, salmão, vinho tinto

CANDIDÍASE

Esta infecção irritativa por fungos em geral afeta os genitais. Seu desconforto pode ser amenizado com aplicação local de iogurte ou com banhos de solução de vinagre de maçã. Recomenda-se usar roupas de algodão folgadas e evitar o banho quente. Alguns alimentos inibem o crescimento de fungos, que provocam esse tipo de infecção.

Consuma:

framboesa, iogurte, brotos de alfafa, canela

CARDIOPATIAS

Uma dieta saudável tem papel decisivo na prevenção e tratamento das cardiopatias. Todas as variedades de frutas, legumes e verduras são valiosas, principalmente quando substituem alimentos muito gordurosos ou altamente processados, com baixo valor nutritivo.

Consuma:

kiwi, cebola, mexilhão, maçã, brócolis, uva, vagem, sementes de abóbora, castanha-de-caju, grapefruit, alho, tofu, chá verde, damasco, arroz integral, mirtilo, cereja, romã, berinjela, alho--poró, azeite de oliva, acelga, abóbora-menina, orégano, aveia, salmão, nozes, vinho tinto, chá

CEFALÉIA E ENXAQUECA

Ambas podem ser desencadeadas por estímulos diversos, desde o cansaço até a dilatação das artérias na cabeça, e podem ser evitadas ou atenuadas por alimentos ricos em ômega-3, vitamina B2, magnésio e cálcio. Certas enxaquecas podem ser causadas pelo consumo de carne em conserva, queijos fortes, picles, alimentos gordurosos, café ou adoçante artificial à base de aspartame.

Consuma:

grão-de-bico, avestruz, queijo cottage, queijo, algas marinhas, leite

CISTITE

Infecções do trato urinário, como a cistite, provocam dor intensa e dificuldade para eliminar a urina. E exigem tratamento, pois podem se alastrar rapidamente e atingir os rins. Além da vitamina C, que combate a infecção, descobriu-se que alguns alimentos evitam que as bactérias se fixem na parede da bexiga. Esses alimentos ajudam no tratamento e diminuem a chance de recidiva.

Consuma:

cranberries, brotos de alfafa, mirtilo, cereja

CLIMATÉRIO E MENOPAUSA

Os níveis de estrogênio (hormônio reprodutivo) podem oscilar bruscamente nos anos que precedem a menopausa, e depois declinar de uma vez, causando, muitas vezes, sintomas desagradáveis, que podem ser amenizados por uma alimentação saudável. Os fitoestrogênios ajudam a repor parte do estrogênio que falta. Os alimentos ricos em vitamina E diminuem a severidade das ondas de calor (fogacho) e previnem o suor

noturno, que causa insônia. Depressão, fadiga e perda de memória também são sintomas dessa fase.

Consuma:

centeio, tofu, algas marinhas, sálvia, arroz integral, sementes de girassol, sementes de linhaça azeite de oliva, acelga

DEPRESSÃO

O corpo converte nutrientes em mensageiros químicos que afetam diretamente nossas emoções. A deficiência nutricional pode desencadear problemas psicológicos em indivíduos vulneráveis. Pessoas deprimidas frequentemente negligenciam a si mesmas, e a doença se agrava diante de uma dieta pobre. Recupere o ânimo com os alimentos ricos em triptofano, selênio, vitamina B e proteínas.

Consuma:

damasco, banana, abacate, algas marinhas, batata-doce, arroz integral, castanha-do--pará, sementes de linhaça, mexilhão, leite

DIABETES

Os alimentos que liberam a glicose lentamente na corrente sanguínea ajudam a controlar o diabetes e a diminuir o risco de desenvolver a doença. Evite alimentos processados e, ainda que saudáveis, limite o consumo de frutas secas e sucos de frutas, por serem ricos em açúcares.

Consuma:

laranja, grapefruit, alho, amêndoa, tofu, chá verde, batata-doce, canela, aveia, nozes

ESTRESSE

Os alimentos certos conseguem diminuir a ansiedade e a irritação e acabar com a depressão. Os cereais, por exemplo, são ricos em potássio, que acalma, e em magnésio, que relaxa.

Consuma:

banana, aspargo, abacate, algas marinhas, feijão, arroz integral, castanha-do-pará, sementes de girassol, sementes de linhaça, chá

FADIGA

Se você dorme de sete a oito horas por noite e ainda assim se sente exausto a maior parte do tempo, possivelmente não esteja consumindo todos os nutrientes necessários, incluindo proteínas, vitamina B e certos minerais. Isso acontece, em geral, quando se está muito ocupado e a alimentação é baseada em fast--foods. Ou pode estar sofrendo de anemia limítrofe ou depressão. Você certamente deve melhorar

sua dieta. A fadiga injustificada pode ser um sinal de algo mais sério, portanto, se ela persistir mesmo com a diminuição do estresse, das horas de trabalho e a melhora na alimentação, consulte um médico.

Consuma:

germe de trigo, castanha-de--caju, atum, banana, aspargo, castanha-do-pará, sementes de girassol, cogumelos

HIPERTENSÃO

A hipertensão, ou pressão alta, aumenta a predisposição a cardiopatias e derrames. Praticar exercícios físicos, perder peso e diminuir o estresse podem abaixá-la. Evite pratos muito gordurosos e alimentos com alto teor de sal.

Consuma:

maçã, aipo, batata, espinafre, alho, abacate, algas marinhas, figo, romã, alho-poró, cogumelo, salmão, vinho tinto

INFECÇÕES

Infecções virais e bacterianas normalmente atacam os sistemas respiratório e digestório. Os alimentos ricos em vitamina C fortalecem as defesas do organismo contra as infecções, e alguns alimentos contêm compostos bactericidas específicos. Bebidas preparadas com vinagre de maçã ou suco natural de limão e mel conseguem aliviar os sintomas comuns que atacam a garganta e a cabeça.

Consuma:

cranberries, kiwi, laranja, framboesa, couve-de-bruxelas, couve, cebola, pimentão vermelho, manjericão, cravo, coentro, grão-de-bico, mel, limão-siciliano, brócolis, cominho, gengibre, hortelã, iogurte, alho, pimenta vermelha, berinjela, aveia, orégano, chá

OSTEOPOROSE

Fortalecer os ossos antes dos 30 anos diminui a propensão a sofrer dessa doença que corrói os ossos mais tarde. Levantar peso é fundamental, e os banhos de sol estimulam a síntese de vitamina D, que ajuda a fixar o cálcio ingerido nos ossos. Os laticínios e o óleo de peixe também fornecem vitamina D. A vitamina K e vários outros minerais também são importantes. E todos retardam a progressão da osteoporose já adquirida.

Consuma:

couve, cebola, vagem, espinafre, castanha-de-caju, frango, queijo, ervilha, rúcula, soja, algas marinhas, figo, cereja, alface, azeite de oliva, acelga, chá

PERDA DE MEMÓRIA

Esquecimento, dificuldade de concentração e confusão mental podem ter várias causas, que incluem, em geral, estresse e cansaço. Sabe-se que alguns nutrientes ajudam a manter a memória, independentemente da idade, como o ômega-3 e os compostos de certas ervas, que podem retardar ou prevenir a deterioração mental.

Consuma:

algas marinhas, canela, alecrim, sálvia, feijão, sementes de girassol, sementes de linhaça, ostra, leite, mirtilo, salmão, chá

SÍNDROME DO CÓLON IRRITÁVEL

Esta doença desgastante e por vezes dolorosa pode vir acompanhada de prisão de ventre, diarreia, flatulência e náusea. Os surtos podem ser causados por estresse ou determinados alimentos, como laticínios, alimentos picantes ou o adoçante artificial sorbitol. Chá, café e álcool também podem ter efeito irritativo. Essa condição muitas vezes decorre da prisão de ventre crônica e pode ser aliviada pelos mesmos remédios: alimentos ricos em fibras, exercícios diários, líquidos em abundância e refeições regulares longe do fim do dia, que não forçam o funcionamento do intestino. Se a flatulência incomodar, evite os cereais.

Consuma:

framboesa, maçã, alcachofra, pepino, pimenta-do-reino, cominho, gengibre, hortelã, pera, figo, ameixa seca

TENSÃO PRÉ-MENSTRUAL (TPM)

Se a mulher se sente deprimida ou irritada, em especial nos dias que antecedem a menstruação, ela sofre de TPM. Alimentos açucarados e gordurosos agravam os sintomas; já os alimentos ricos em vitaminas B6, D e E, magnésio e cálcio são benéficos.

Consuma:

queijo cottage, banana, batata-doce, sementes de linhaça, leite

ÚLCERAS ESTOMACAIS

Essas dolorosas feridas na parede gástrica podem ser curadas com o uso de antibióticos. As úlceras podem ser agravadas pelo estresse ou por hábitos alimentares inadequados. Alguns superalimentos bactericidas podem inibir a sua proliferação.

Consuma:

laranja, brócolis, iogurte, alho, pimentão, banana

glossário

Ácido clorídrico Principal componente dos ácidos que digerem os alimentos no estômago.

Açúcar no sangue (glicemia) Forma pela qual o combustível dos alimentos é transportado pelo sangue para fornecer energia às células. Uma dieta com muitos alimentos processados pode fazer flutuar as taxas de açúcar no sangue nocivamente, provocando alterações de humor e quedas bruscas do nível de energia. O corpo produz um hormônio chamado insulina para evitar que esses níveis subam excessivamente. No diabético, o corpo não consegue mais produzir insulina suficiente para controlar a glicemia.

Antioxidante Substância presente em diversas plantas que se acredita proteger as células dos danos causados pelos radicais livres.

Antocianina Flavonoide que confere às plantas coloração em tons de azul até o violeta, e que tem potente ação protetora da saúde.

Bactérias Organismos microscópicos unicelulares, alguns dos quais auxiliam as funções corporais e outros causam doenças.

Betacaroteno Nutriente encontrado em frutas e vegetais, que o organismo converte em vitamina A.

Carboidratos Alimentos doces ou à base de amido que fornecem energia. O organismo os converte em glicose, para a queima imediata, e em glicogênio, que é armazenado no fígado e nos músculos para ser usado no futuro.

Carcinogênico Tudo o que possa causar câncer.

Carotenoides Antioxidantes encontrados sobretudo nos legumes e verduras, e que comprovadamente diminuem o risco de muitas doenças (inclusive câncer) e fortalecem o sistema imunológico.

Climatério Período imediato que antecede o final do período menstrual.

Colesterol Substância gordurosa produzida (a partir de dieta gordurosa) no organismo, com a função, entre outras, de formar membranas celulares. Quando produzida em excesso, se acumula ao longo das paredes das artérias, dificultando a passagem de sangue para o coração e para o cérebro. A lipoproteína de baixa densidade (LDL), ou colesterol ruim, aumenta esse risco, enquanto a lipoproteína de alta intensidade (HDL), ou colesterol bom, ajuda a remover as gorduras da corrente sanguínea.

Desintoxicação Processo natural do organismo para eliminar substâncias tóxicas, que pode ser estimulado pela ingestão de determinados alimentos.

Diurético Qualidade do que estimula a urinar.

Enzima Proteína que facilita as reações químicas do organismo, como a digestão.

Fibra Matéria-prima dos vegetais, que não é absorvida pelo organismo, mas que auxilia no processo da digestão. Acredita-se que as fibras solúveis ajudem a controlar os níveis de açúcar e de colesterol no sangue. Já as fibras insolúveis ajudam na excreção.

Fitoesteróis Substâncias encontradas nos vegetais que podem diminuir os níveis de colesterol.

Fitonutrientes Compostos benéficos presentes nos vegetais.

Flavonoides Compostos vegetais que aparentemente estimulam a capacidade do organismo de resistir a danos celulares, inflamações e infecções.

Glicogênio A forma como a energia é armazenada nos músculos para uso posterior.

Gorduras Um dos três grupos de alimentos indispensáveis (junto com carboidratos e proteínas), as gorduras têm diversas funções, que vão desde a manutenção celular até a absorção de certas vitaminas. As gorduras monoinsaturadas e poli-insaturadas são consideradas as mais saudáveis. O excesso de gordura saturada, derivada principalmente de produtos de origem animal, pode elevar as taxas de colesterol no sangue. A gordura hidrogenada, presente na maioria dos alimentos processados, vem sendo considerada nociva à saúde.

HDL Ver colesterol.

Hipertensão Pressão sanguínea elevada, por vezes provocada pelo acúmulo de placas nas artérias.

Índice glicêmico (IG) Medida da velocidade com a qual o corpo converte os alimentos em glicose. Os alimentos com IG baixo são mais saudáveis, pois liberam glicose lentamente, ajudando a controlar o apetite e as taxas de açúcar no sangue.

LDL Ver colesterol.

Leguminosas Feijão, soja, grão-de-bico, ervilha e lentilha.

Leptina Hormônio que controla o apetite, pode ser estimulado pelo ômega-3.

Licopeno Potente carotenoide presente em frutas e vegetais vermelhos.

Ligninas Substâncias antioxidantes encontradas em certos vegetais que, por sua semelhança com a estrutura do hormônio estrogênio, podem minimizar os sintomas do climatério.

Nitratos Conservantes alimentícios que foram relacionados ao câncer.

Ômega-3 (ácidos graxos) Grupo de gorduras poli-insaturadas, encontradas principalmente em peixes gordurosos, que beneficiam o corpo e a mente.

Oxalatos Substâncias naturais em determinados alimentos que, em indivíduos suscetíveis, podem prejudicar o fígado e a vesícula.

Placa Um dos tipos é constituído de colesterol e outras gorduras acumuladas nas paredes das artérias, que podem restringir a circulação do sangue. Outro tipo de placa é formado de fragmentos de proteína que se juntam no cérebro e está relacionado ao mal de Alzheimer.

Polifenol Forma de substância antioxidante.

Proteína Grupo alimentar essencial cuja função é produzir e reparar os tecidos. É mais abundante em alimentos de origem animal, mas frutas oleaginosas, sementes e leguminosas também são uma boa fonte.

Radical livre Molécula instável (formada como subproduto das funções naturais do organismo) que pode danificar as células, desencadeando doenças como o câncer.

Resveratrol Composto anticancerígeno encontrado em diversas plantas, incluindo as variedades de frutas vermelhas e as uvas (e, portanto, o vinho tinto).

Serotonina Substância produzida pelas células nervosas que melhora o humor; também é encontrada em alguns alimentos.

Triptofano Aminoácido que o cérebro converte na "substância do prazer", a serotonina.

Vegetais crucíferos Família de plantas excepcionalmente benéfica, incluindo a couve-flor, a couve-de-bruxelas e diversas verduras verde-escuras.

índice

Este livro foi impresso em dezembro de 2008 pela gráfica R R Donnelley sobre papel offset 120 g/m²